KB185493

히타이트 제국의 역사

히타이트 제국의 역사

쓰모토 히데토시 지음 | 노경아 옮김 | 이희철 한국어판 감수

더숲

일러두기

- 히타이트의 역사는 '하티 시대', '고왕국 시대', '중왕국 시대', '신왕국 또는 제국 시대'로 나뉘는데 중왕국까지는 제국이 아니라 왕국으로 보는 것이 일반적 견해다. 따라서 원서에서 고왕국, 중왕국을 일컬을 때는 '제국'을 생략하거나 '왕국'으로 고쳐 번역했다. 또한 '고 히타이트'는 '히타이트 고왕국'으로, '중기 히타이트'는 '히타이트 중왕국'으로 고쳐 번역해 실었다.

- 독자들의 이해를 돕기 위해 책의 내용을 바탕으로 히타이트 왕들과 그들의 업적을 책말미에 정리해두었다.

- 인용문 중 [ ]는 점토판 문서에서 누락된 부분을, ( )는 저자가 추가로 넣은 내용임을 밝혀둔다.

- 본문 중 괄호 안에 ※ 기호가 붙은 설명은 저자의 추가 설명이며, 각주는 옮긴이가 붙인 옮긴이주다. 또한 각주 중 감수자의 의견은 감수자주로 표시했다.

- 책의 가독성을 높이기 위해 본문에는 인명 및 지명의 원어 또는 영어를 병기하지 않는 대신 찾아보기의 색인어에 그것을 병기해 독자의 이해를 도왔다.

- 본문에 표기된 출처의 약어는 다음과 같다.

  CTH: Catalogue des Textes Hittites, 프랑스 학자 엠마뉴엘 라로슈Emmanuel Laroche가 14개의 목록으로 정리한 《히타이트 문서 집대성Catalogue des Textes Hittites》
  KUB: Keilschrift Urkunden aus Boghazköi, 보아즈쾨이 문서(독일의 라이프치히와 베를린 판본)
  KBo: Keilschrifttexte aus Boghazköi, 보아즈쾨이 문서(독일의 베를린 판본)
  RS: Ras Shamra ancient cuneiform texts, 일명 '우가리트 문서'로 불림. 시리아와 라스샤라(옛 우가리트)에서 출토된 고대 점토판 문서집

- 인명 및 지명은 국립국어원의 외래어 표기 용례를 따르되, 국립국어원에 등재되지 않은 것은 '한글라이즈(외래어 표기법을 바탕으로 외국어 단어를 한글로 전사하는 도구)'를 참고했다.

차례

제3장 히타이트 중왕국 시대, 히타이트 왕국의 혼란

제4장 히타이트 신왕국 시대, 제국으로 우뚝 선 히타이트

제5장 히타이트 제국의 멸망, 정상에서 추락하다

한국어판 감수의 글

왜 고대 오리엔트 세계에서 히타이트 역사가 중요한가?

'히타이트'라는 말을 들어보지 못한 사람은 거의 없으리라 생각한다. 왜냐하면 그동안 히타이트인들은 최초로 철기를 사용한 민족이고, 히타이트가 철의 제국이라는 정도는 상식으로 통했기 때문이다. 히타이트가 최초로 철기를 발명했다는 이야기는 이미 낡은 사실이 되었지만, 우리나라에서 히타이트는 철의 왕국이자 우리 고대사의 '미스터리'인 가야와 글로벌 철강기업 포스코가 가지는 '철'과의 연관성으로 인해 여전히 관심이 많은 고대 오리엔트 국가 중 하나다. 그런데 따지고 보면 우리가 히타이트를 알게 된 역사도 얼마 되지 않았고, 세계인들이 히타이트를 알게 된 지도 아무리 길게 잡아야 불과 100여 년 전의 일이다. 새삼 놀라운 일이 아닐 수 없다.

고고학이 탄생한 19세기 전까지 세계는 히타이트의 존재를 성경의 기록으로만 희미하게 알 뿐이었다. 서양문명의 기초를 이룬 그리스 고전에서 히타이트에 관해 전혀 언급이 없었기 때문에 서양인들은 그 존재를 머릿속에 그리기가 어려웠다. 히브리어 구약 성서에서 히타이트는 바빌론만큼 역사적 사실이 선명하게 기록되지 않고 헷 족속, 헷 사람, 헷 왕 등 고대 가나안(오늘날 이스라엘과 시리아 지역)에 거주했던 민족 중 하나라는 정도의 기록으로만 남아 있다. 하지만 60여 차례 언급된 구약 성서의 기록은 히타이트의 존재를 추적할 단서가 되어 인류학자나 고고학자의 상상을 촉발하는 도화선이 되었다.

19세기 이래 구약 성서의 배경이 된 소아시아(또는 아나톨리아 반도)를 차지하고 있는 튀르키예에서 고고학 발굴이 시작되면서, 히타이트의 수도이자 거대한 성채 도시인 하투샤(현 지명 보아즈쾨이)의 모습이 세상의 빛을 보게 되었다. 그리하여 인류는 신석기와 철기 시대 사이의 청동기 시대에, 그리고 아나톨리아 반도 중심지에 히타이트 제국이 있었다는 역사적 사실을 알게 되었다. 그것은 많은 고고학자, 인류학자, 역사학자, 언어학자들이 평생을 바쳐 발굴과 연구에 몰두해온 피땀 어린 헌신과 노력 덕분이었다.

'히타이트 제국'이라는 퍼즐 조각을 맞춰가는 그들의 도전과 열정은 순간순간마다 가슴 뭉클해지는 그야말로 위대한 여정이었다. 그들이 이뤄낸 놀라운 성과 덕분에 구약 성서에 숨어 있던 히타이트가 수많은 유적지 발굴과 3만여 개의 점토판 문서로 '뜻밖의 세계사'가 되어 우리에게 가까이 오게 되었다.

고대 오리엔트에서 고유한 위치를 차지하고 있는 히타이트

히타이트는 기원전 17세기에서 기원전 12세기경 고대 문명의 요람인 고대 근동(오리엔트)이라는 무대를 배경으로 탄생한 제국 중 가장 흥미롭고 신비스러운 제국이다. 오늘날 튀르키예와 시리아 지역을 지배한 히타이트는 기원전 14세기에 이집트, 아시리아와 함께 고대 오리엔트의 3대 제국 중 하나였다. 이어 기원전 13세기에는 초강대국 이집트에 밀리지 않는 세계 강대국으로 성장했다. 지금까지 밝혀진 고고학적 연구 성과에 따르면, 히타이트는 군사 · 정치 · 경제 · 법률 · 문화 · 문자 · 기술 등 다양한 분야에서 상당한 기량을 발휘하여 고대 오리엔트의 국제질서를 이끈 패권 제국이자 문화 제국이었다. 현대적 의미로 해석하면, 고대 오리엔트 세계에서 글로벌 체제가 형성되던 청동기 시대에 히타이트 제국은 군사력과 경제력이라는 하드 파워(강성 권력)와 함께 문화 · 외교 · 종교 등의 소프트 파워(연성 권력)를 가진 스마트 파워 문명국가였다.

비단 이것뿐일까? 히타이트는 인류 역사상 '최초'와 '최대'라는 수식어로 장식되는 국가로, 우리의 호기심을 자극한다. 예를 들면, 히타이트는 문명의 반도 고대 아나톨리아에서 탄생한 최초이자 최대 정치체 국가였고, 선사시대 아나톨리아의 선주민 '하티 문명'과 인간 다양성의 척도라 할 수 있는 다양한 지역 언어를 수용하는 적극적인 개방성을 보여준 나라였다. 게다가 아나톨리아에서 가장 빨리 문자 기록을 남긴 제국이며, 그들의 언어는 오늘날 사용 인구수가 세계 최대인 인도유럽어족의 가장 오래된 문헌자료 중 하나이고, 초강대국 이집트를 상대로 카데시 전쟁을 치르고 인류 최초의 평화 조약을 체결하여 강한 외교 역량과 글로벌 리더십을 과시한 제국이었다. 이런 사실들은 히타이트를 고대 오리엔트 세계에서 특별한 위치에 자리매김하게 한다. 이런 이유로 고대 오리엔트 세계에서 역사와 문화의 용광로 역할을 했던 히타이트는 독특한 스토리텔링으로 세상의 주목을 받기에 충분한 제국이었다고 말할 수 있다.

문화유산 발굴 작업은
튀르키예 전역에서 117년째 현재 진행형

히타이트 역사가 세상에 나온 지도 이제 한 세기가 되었다. 히타이트 역사의 원전은 문자 기록인 구약 성서와 고고학 발굴로 확인된 생생한 점토판과 비문헌 기록인 히타이트 고대 도시의 유적 · 유물이다. 히타이트의 고고학 발굴은 고대 도시 하투샤(현 지명 보아즈쾨이) · 야즐르카야 · 알라자회위크 · 네샤(현 지명 퀼테페) · 사피누와(현 지명 오르타쾨이) 등 다섯 곳을 중심으로 활발히 이루어졌지만, 히타이트 유적지는 튀르키예 전역에 걸쳐 그 규모가 큰 곳만 30여 곳이 넘는다. 특히 450년간 히타이트 제국의 수도였던 하투샤에서는 1906년에 본격적인 발굴이 시작된 이래 2024년 현재까지 117년간 발굴 작업이 계속되고 있다. 국토 전역 200여 곳에서 인류 문화유산을 발굴하는 고고학 프로젝트를 진행하고 있는 튀르키예는 '역사가 만들어지는 곳'이라는 말을 들을 만하다.

고대 오리엔트의 바빌론 유물 발굴은 영국과 독일이, 아시리아 발굴은 영국과 프랑스가 이끌었다. 1878년 튀르키예와 시리아의 국경 지역인 카르케미시(예레미아 46:2, 역대기하 35:20, 이사야 10:9)의 발굴 조사 사업을 시작한 영국이 히타이트 성서 고고학 발굴 사업에 발동을 걸었으나, 현재는 20세기 초부터 히타이트의 수도인 하투샤에서 발굴 프로젝트를 수행한 독일이 국제사회에서 히타이트 유적 발굴 사업을 선도하는 개척자로 인정받고 있다. 뒤늦긴 했지만, 이웃 나라 일본도 1986년부터 앙카라 인근의 카만칼레회위크에서 고고학 발굴 작업을 진행하고 있다.

히타이트 고대 도시의 고고학적 발굴 프로젝트는 현재도 진행형이며, 히타이트 역사도 학자들의 발굴 작업과 연구 성과에 따라 진화하는 중이다. 최근 들어, 히타이트에 대한 세계인의 관심이 높아지면서 영어와 독일어로 된 출판물이 많이 나왔다. 특히 2002년에는 가장 전문적이고 권위 있는 히타이트 유물 전시회가 〈1000개의 신을 가진 민족Das Volk der 1000 Götter〉이라는 제목 아래 독일의 연방예술전시홀에서 1월부터 4월까지 3개월 동안 열렸다. 이 전시는 히타이트를 세계에 알리는 최초의 대규모 전시로 성공적이었다는 평가를 받았다. 그리고 2019년에는 5월에서 8월까지 파리의 루브르박물관이 〈잊힌 왕국-히타이트제국에서 아람왕국까지Forgotten Kingdoms-From the Hittite Empire to the Arameans〉라는 타이틀로 신비로운 매력을 지닌 히타이트를 조망하는 유물을 전시하여 세계인의 이목을 다시 집중시켰다. 이제 우리나라의 김해시가 우호협력 도시인 튀르키예 초룸Çorum시와의 협력으로 국립김해박물관에서 2024년 10월부터 2025년 2월까지 히타이트 유물전시회를 개최하기로 하여 국내외의 관심을 끌고 있는 것은 매우 고무적인 사실이다. 또한 우리 국가유산청은 2024년 4월 16일 튀르키예 문화관광부와의 문화유산 분야 교류 양해각서MOU를 체결하고, 2029년까지 5년간 고대 아시리아 상인 기록물이 출토된 퀼테페 유적지 발굴에 참여한다는 소식이다.

그런데 아쉽게도 국내에는 히타이트 역사에 관한 읽을거리가 그리 많지 않다. 내가 저술한 《히타이트: 점토판 속으로 사라졌던 인류의 역사》(리수)와 독일인 비르기트 브란다우와 하르트무트 쉬케르트의 공저인 번역서 《히타이트》(중앙M&B)가 출간된 지도 어언 20년이 넘었다. 그동안 새로운 발굴 및 연구 성과가 기존의 역사에 더해졌고, 그런 연유로 히타이트에 관한 후속작이 기다려지는 때에 마침 더숲에서 새로운 책을 내놓았다. 이번에 펴낸 《히타이트 제국의 역사》는 튀르키예 · 시리아 · 이스라엘의 발굴 조사에 참여한 경험도 있고 현재 도쿄의 고대 오리엔트 박물관 연구부장으로 재직 중인 쓰모토 히데토시가 고고학적 발굴을 통해 나온 여러 사료를 토대로 쉬운 문체로 쓴 한 편의 히타이트 통사다.

이 책 《히타이트 제국의 역사》의 장점은 고고학을 전공하고 고대 오리엔트 역사 전문가인 저자가 가장 최근의 연구 성과를 포함하여 주제별로 히타이트의 면면을 환히 알 수 있게 짜임새 있는 구성으로 정리한 친절한 안내서라는 점이다. 독자들은 자신의 전문 분야를 자신의 언어로 쉽게 서술한 이 책을 통해 마치 박물관에 전시된 히타이트 유물을 계획된 동선에 따라 감상하는 느낌으로 히타이트를 만나는 기쁨을 맛보게 될 것이다.

시대적 메시지를 담은 히타이트를 알아야 하는 이유

왜 히타이트인가? 서두에 에둘러 말했지만, 서양인들은 20세기가 돼서야 고대 근동의 진가를 깨달았다. '빛은 동방에서 온다'라고 했다. 그들이 말한 빛은 문명이고 동방은 메소포타미아와 이집트, 아나톨리아를 포함한 오리엔트를 말한다. 서양인들이 인식한 것처럼, 고대 오리엔트 세계에서 이집트 · 바빌론 · 아시리아 · 히타이트는 자신들의 신화 · 종교 · 문자 등을 통해 고대 오리엔트 역사학의 '빅히스토리'를 만들어낸 문명 공동체다.

고대 근동 지역의 고고학이 진행되면서 이집트학과 아시리아학이 탄생했다. 여기에 히타이트 문명을 연구하는 히타이트학이 고대 근동학의 늦깎이 학문 분야로 진입했다. 히타이트 문명으로 고대 오리엔트 세계의 역사는 완전체가 되어 그 실체가 좀 더 구체적으로 드러나게 되었다. 최근에는 고대 오리엔트 문명을 빼놓고는 인류 문화사를 논할 수 없게 되었다. 왜냐하면 인류 문명의 뿌리이자 서양 문명의 기둥이라고 할 수 있는 종교 · 법 · 철학의 모든 유산을 아나톨리아를 포함한 고대 오리엔트 세계로부터 이어받았기 때문이다.

시각을 히타이트로 한정하면, 고대 오리엔트 세계에서 히타이트는 이집트, 아시리아나 바빌론 같은 세력에 도전할 군사력을 키워 가면서도 지역 내 세력들과 문화 교류는 물론이고 조약 · 동맹 · 연합 등으로 외교 정치적인 영향력을 확대해나간 정치체였다. 미래 국제질서의 불확실성 시대를 사는 우리가 시대적 메시지를 담은 히타이트를 알아야 하는 이유도 이런 맥락에서 찾을 수 있다.

이 책은 인류문화사 · 고고학 · 역사학 전공자뿐만 아니라 이 분야에 관심과 호기심을 가진 일반인이나 학생들의 탐구 욕구를 충족시켜줄 것이다. 더 좁혀보면, 히타이트 역사와 관련하여 히타이트 고대 오리엔트 문명과 구약 성서는 어떻게 연결되며, 성서 역사와 세속 문헌 속에서 히타이트를 이해하려는 기독교인이나 일반인의 지적 호기심에도 응답할 것이라고 기대한다. 히타이트의 매력에 빠지는 것은 이제 독자의 몫으로 남겨둔다.

감수자 이희철

서문

나는 언제 처음 '히타이트'를 접했을까? 중학생 때 아버지가 남긴 《세계의 역사》 제1권을 읽으면서 '히타이트Hittite'라는 나라를 처음 접한 듯하다. 그 책에 '히타이트의 상형문자(※루비어 상형문자)는 아직 해독되지 않았다'라고 쓰여 있었던 것을 지금도 기억한다. 당시 나는 히타이트는 물론이고 히타이트의 땅에 세워진 튀르키예Türkiye라는 나라조차 몰랐다.

일반적으로 고등학교 세계사 수업에서 히타이트를 처음 배우기 마련인데 나는 이상하게 그런 기억이 없다. 하지만 일반적인 고등학교에서는 히타이트를 대략 다음과 같은 나라로 가르칠 것이다.

- 철기를 일찍부터 사용하여 고대 오리엔트 세계에서 이집트에 버금가는 세력을 구축했다.
- 시리아의 카데시에서 이집트와 싸웠고 세계 최초의 평화 조약

을 체결했다.

- 바빌론Babylon을 공격하여 멸망시켰다.
- '해양 민족들The Sea People'이라는 미지의 세력에 침략당해 멸망했다.

히타이트에 관해 그 이상의 지식도 없었으면서 무슨 이유에서인지 외국의 고고학을 배우고 싶다는 생각이 들어 대학에 들어갔다. 그러다 선배의 소개로 오무라 사치히로大村幸弘가 이끄는 튀르키예 카만칼레회위크Kaman-Kalehöyük*의 발굴 작업에 참여하게 되었고, 그 후 어쩌다 보니 아나톨리아(현재 튀르키예의 아시아 부분)의 고고학에 푹 빠져버렸다.

대학원 입학 후 시리아 발굴 현장에 잠시 다녀오긴 했지만, 독일 유학 이후에 튀르키예 발굴 현장으로 복귀했다. 그리고 여름마다 독일인들과 차를 타고 튀르키예까지 가서 몇 달씩 발굴 작업에 참여했다가 다시 독일로 돌아가기를 몇 년쯤 반복했다. 그때의 발굴 현장이 히타이트 제국의 지방 도시 유적인 쿠샤클르(고대명 사리사)

---

* 이 책에 거론되는 지명 중 끝에 튀르키예어의 '회위크höyük'와 페르시아어의 '테페tepe'가 붙은 지명이 유독 많이 등장하는데, 이는 아랍어로 '언덕'을 뜻하는 '텔tell'과 같은 뜻이다. 텔은 선사시대부터 역사시대까지 수천 년에 걸쳐 같은 지역에 살던 여러 세대의 거주지를 말하며, 고고학적 발굴을 통해 드러나면서 그런 지명이 붙었다. 고대에는 쉽게 부서지는 흙벽돌로 집을 지었기 때문에 그곳이 부서져 폐허가 되면 그 잔해 위에 또 다른 세대가 주거나 신전, 궁 등을 만들었고 이런 일이 반복되면서 많게는 수십 층으로 퇴적되었다. 이는 대부분 큰 언덕이나 산처럼 생겨서 언덕, 구릉도시, 유적이 있는 언덕 등으로 불리기도 한다.–감수자

와 카얄르프나르(고대명 사무하로 추정)였다. 당시 히타이트의 유적 발굴에, 심지어 외국 발굴단의 일원으로 참여한 것은 정말 소중한 경험이었다.

나는 고고학이 전문 분야여서 유적과 유물은 잘 알아도 히타이트 문자는 잘 모른다. 그래서 쿠샤클르에서 점토판 문서가 출토되는 순간을 목격했다 해도 문자 해독은 히타이트 전문학자에게 맡길 수밖에 없었다. 약 120년 전 히타이트 제국이 재발견된 이후로 이런 문자 해독 작업이 연구의 주류를 이뤘다. 이 책에서도 그 성과를 충분히 활용했다.

비교적 신생 학문인 히타이트학은 역사학적 관심은 물론, 문자로 기록된 최초의 인도유럽어*에 관한 언어학적 관심, 풍부하게 남아 있는 종교 의례 기록에 관한 종교학적 관심, 그리고 고대 그리스 신화와도 일맥상통하는 서사에 관한 신화학적 관심을 일으키며 활발하게 추진되었다. 그 흐름 속에서 고고학 분야는 유적을 발굴하여 점토판 문서 등 미가공 데이터인 원시데이터Raw Data를 제공하는 보조적 입장을 오랫동안 수행한 셈이다. 하지만 나는 현장에서 원시데이터만 얻은 것이 아니었다. 독일과 튀르키예에서 히타이트의 고고학적 식견을 매일 심화할 수 있었고 고고학 자료를 해석하는 다

* Indo-European languages, 역사시대 이후 인도에서 유럽에 걸친 지역에 널리 퍼져 있었던 언어의 종칭. 현재 유럽에서 사용되는 언어가 대부분 인도유럽이족에 속한다.

양한 접근방법에 대한 깨달음을 얻을 때도 많았다.

일본에 돌아와 고대 오리엔트 박물관 연구원으로 일하며 강연 등을 통해 히타이트 제국에 관해 이야기하다 보니 수강생에게서 "히타이트 역사에 대해 쉽게 읽을 만한 책은 없나요?"라는 질문을 자주 받게 되었다. 그런데 그럴 때마다 "영어로 된 원서밖에 없는 듯한데!…"라고 대답할 수밖에 없었다. 확실히 일본어로 된 책은 거의 전문서인 데다 가격도 결코 만만치 않았기 때문이다. 그래서 이런 책을 출판하자는 제안을 받자마자 지식이 턱없이 부족한데도 만용을 부려 히타이트의 역사 저술 작업을 시작하게 되었다.

이 책을 읽을 독자들에게 미리 양해를 구해야겠다. 3000년 이전의 이야기를 하다 보니 영어로 밀레니엄millennium을 뜻하는 'ㅇㅇㅇㅇ년대'라는 단어가 종종 나온다. 기억하겠지만, 20년쯤 전인 2000년(기원후 2000년대에서 3000년대로 접어들기 바로 전 해)에 '밀레니엄 결혼' 같은 단어가 크게 유행하기도 했다. 그런데 밀레니엄이란 1000년 단위를 일컫는 말이다. 그러니 예를 들어 '기원전 2000년대'라고 하면 기원전 2000년에서부터 기원전 1001년까지를 가리킨다고 생각하면 된다.

그리고 고대 지명에 관해서도 일러둘 말이 있다. 히타이트어 쐐기문자는 's'와 'š(sh)'를 구분해 쓰지 않으므로 지금에 와서는 실제 발음을 알아낼 길이 없다. 그래서 히타이트의 수도 이름인 '하투사'

와 '하투샤', 히타이트어를 고대 오리엔트의 대국으로 만든 왕의 이름인 '슈필룰리우마'와 '수필룰리우마'는 둘 다 틀린 표기가 아니다. 그래서 연구자에 따라 표기가 달라질 수 있으니 이 점에 대해서도 미리 양해를 구한다.

제1장

히타이트인의 등장과 도시국가의 성립

히타이트인은 어디에서 왔을까

지금 우리가 '히타이트인'이라고 부르는 사람들은 언제 어디서 등장했을까?

그 답을 알고 싶다면 '히타이트인은 누구인가?'라는 질문에 먼저 답해야 한다. 사실 정확하게 말하자면 당시 이 나라는 '히타이트'가 아닌 '하티Hati'로 불렸다. '히타이트'란 현대인이 붙인 영어식 호칭이다.

게다가 히타이트의 지배층은 '하티인Hattians'이 아니었다.

'하티'란 원래 아나톨리아(현재 튀르키예의 아시아 부분)의 중앙부를 가리키는 말이었고 그곳 주민이 '하티인'이었다. 그런데 언제인지 확실하지는 않지만, 기원전 2000년경 이전에 인도유럽어를 쓰는 사람들이 유입되어 선주민인 '하티인'을 지배하기 시작했다. 히타이트 시대 사람들은 이 새로운 지배자의 언어를 '네샤어'라고 불렀

알라자회위크의 '왕묘'군

다. 그것이 지금 우리가 '히타이트어'라고 부르는 언어다. 그리고 네샤어를 쓰는 지배층은 자신이 지배하는 나라를 예전 그대로 '하티'라고 불렀다.

그래서 당시 기준으로는 이 나라를 '하티'로 부르는 게 맞지만, 학계에서는 선주민을 가리키는 말인 '하티'(하티인, 하티어)와 나라 이름인 '하티'를 구분하기 어려워서 이 나라를 일반적으로 '히타이트'로 부르고 있다. 하티인을 '히타이트 선주민'이라고 부르기도 한다. 참고로, 하티어는 주변의 어떤 언어와도 유사성이 없는, 소위 '고립 언어'다. 그 어떤 언어에는 인도유럽어 및 셈어* 등이 포함된다.

* Semitic Languages, 서아시아와 북아프리카 전역, 동아프리카 북부에 걸친 지역에서 3억 8000만 명 이상의 인구가 사용하는 언어. 아랍어, 히브리어 등이 대표적이다.

앞서 말했듯 인도유럽어족이 아나톨리아에 등장한 시기는 명확하지 않다. 농경과 목축이 시작된 신석기 시대(약 1만 년 전)에 아나톨리아에서 살다가 농경·목축의 확산과 함께 유럽 방면으로 퍼져 나갔다는 설도 있고, 기원전 3000년경에 북방(현재의 러시아 남부와 우크라이나)에서 남하했다는 설도 있다. 기원전 3000년대 후반의 유적인 튀르키예 알라자회위크(고대명이 '아린나'라는 주장도 있지만 확실하지 않음)에서 통칭 '왕묘'로 불리는 대형 덧널무덤군이 발굴되었는데 여기서 세계 최초의 철검과 대량의 황금 부장품이 출토되기도 했다. 덧널무덤은 관을 넣어두는 널방을 나무로 만든 무덤을 말한다. 이 시기에 북방의 캅카스* 남부에서도 비슷한 덧널무덤이 만들어졌다는 것이 남하설의 근거로 제시된다.

문자가 없었던 시대여서 기원전 3000년대 이전에 하티에서 어떤 언어가 쓰였는지는 알 수 없다. 다만 네샤어가 문법적으로 인도유럽어족에 속한다는 사실은 이미 밝혀져 있다. 이후 히타이트 제국 시대에 문자로 기록되었기 때문이다.

여러 언어가 공존한 아나톨리아

그렇다면 '네샤어'의 '네샤'란 무엇을 뜻할까? 이 이름은 아나톨리

* Kavkaz. 러시아 남부, 카스피해와 흑해 사이에 있는 산맥과 지역의 총칭.

아 중앙부에 있었던 카네시Kaneš 마을에서 유래한다. 인도유럽어에서는 시대가 흐를수록 'k'가 발음되지 않는 현상이 일어나는데(현재 영어의 'knife'처럼) 네샤어를 썼던 사람들도 점차 이 마을 이름을 '카네시'에서 'k'를 빼고 '네샤'로 부르게 되었다. 카네시의 흔적은 현재 퀼테페(튀르키예어로 '재의 언덕'이라는 뜻)에 남아 있다. 19세기 말부터 발굴되기 시작한 이 유적에서는 지금까지 쐐기문자(고대 아시리아어)로 된 점토판 문서가 수만 장 이상 출토되었다. 하지만 이 점토판 문서를 남긴 사람들은 지역민인 아나톨리아인이 아니라 남쪽으로 800km 이상 떨어진 아시리아(현재 이라크 북부)에서 교역용 거류지를 구축하러 온 상인들이었다.

당나귀를 탄 아시리아 대상隊商은 기원전 2000년경 이후 메소포타미아에는 거의 없지만 아나톨리아에는 풍부한 동이나 은 등 지하 광물 자원을 구하러 아나톨리아로 왔다. 당시 아나톨리아는 꽤 발전한 지역이었다. 아직 독자적인 문자는 없었지만 각지에 이미 도시가 세워지고 왕권(국가)도 확립되어 있었다.

그래서 아시리아 상인들은 각 도시국가의 왕에게 허락을 받고 각지에 '카룸Kārum'이라는 거류지를 건설했다. 그중에서도 규모가 가장 컸던 카네시 카룸이 전체 카룸을 총괄했다. 고고학계에서는 이 시대를 '카룸 시대' 또는 '아시리아 상업 식민지 시대'라고 부르지만, 이때 아시리아 상인은 아나톨리아에서는 어디까지나 손님 같은 존재였으니 둘 다 상당히 부적절한 명칭인 듯하다. 그래서 특정 민

사진 앞쪽은 퀼테페 카룸, 뒤쪽은 카네시 왕의 성이 있었던 언덕

족을 언급하지 않고 '중기 청동기 시대'로 부르는 게 나을지도 모른다. 그래도 아시리아 상인이 문자로 된 사료를 남겼다는 데 큰 의미가 있고 이미 학계에 정착한 명칭이라 그대로 쓰고 있다.

참고로 아시리아 상인들이 카네시 마을의 중심에서 약간 떨어진 평지에 카룸을 지었기 때문에 점토판 문서도 외곽에서 대량으로 출토되었지만, 카네시 왕의 거대한 궁전이 있었던 지름 약 500m 규모의 언덕(페르시아어로 '테페')에서는 점토판이 거의 출토되지 않았다. 최근에 여기서 카네시 왕과 아수르 왕이 아시리아 상인을 보호하기 위해 맺은 조약 문서가 출토된 덕분에 아나톨리아 사람들도 문자를 사용했고 아시리아 상인을 통해 문서를 주고받았다는 사실이 밝혀졌다. 그 조약 문서의 내용은 다음과 같다.

- 직물은 강제로 싼 가격에 팔려서는 안 된다. 쿠타눔 직물은 세금을 다 지불하고 판매해야 한다.
- 아시리아인이 여기서 목숨이나 재산을 잃으면 (그 연고자에게) 보상금이 주어진다. 범인은 아시리아인에게 인도되어 그들의 손에 죽어야 한다. 범인 아닌 사람이 대신 인도되어서는 안 된다. 잃은 재산은 (연고자에게) 반환해야 한다.
- 아시리아인과 카네시인이 빚을 졌다면 (채무자가 빚을 갚지 않는다는 이유로) 체포되지 않는다. (그 대신 채무자의 재산을 다 처분하여) 돈을 채권자에게 주고, 남은 돈은 채무자에게 돌려주어야 한다.
- 아시리아인이 여기서 직물을 잃어버렸다면 찾아서 주인에게 돌려주어야 한다. 만약 찾지 못하면 주인이 서약한 양을 정확히 보상해야 한다.
- 카네시인과 이주자는 상인이나 과부의 집에 들어갈 수 없다.
- 현지인은 아시리아인의 좋은 집, 좋은 노예, 좋은 첩, 좋은 밭, 좋은 과수원을 빼앗거나 압수해서는 안 된다.
- 피리칸눔 직물의 10분의 1은 세금으로 내야 한다. 만약 (세금을 내지 않고) 카네시에 들어왔다면 그 직물을 정가로 팔 수 없다.
- 만약 아시리아인이 현지인에게 빚을 진 채 도망치면 채권자는 다른 상인이나 외국인, 형제에게 빚을 갚게 하지 말고 궁정에 호소해야 한다.
- 아나톨리아인은 노동에 동원되지만 아시리아인은 면제된다.

-아수르 왕과 카네시 왕의 조약 문서(2000년 퀼테페 출토)

아수르 왕과 카네시 왕의 조약 문서_아나톨리아 문명 박물관

점토판 문서를 보면 아나톨리아에 다양한 언어 집단이 존재했음을 알 수 있다. 점토판 문서에 기록된 사람의 이름으로 그가 어떤 언어 집단에 속하는지 추측할 수 있기 때문이다. 당시 아나톨리아에는 선주민인 하티인뿐만 아니라 나중에 히타이트의 지배층이 된 네샤어(이하 '네샤어'를 '히타이트어'로 부르기로 함) 사용자들, 즉 '히타이트인', 히타이트어와 가까운 인도유럽어족인 루비어Luvian 사용자들, 어떤 언어를 썼는지는 모르지만 나중에 히타이트의 경쟁국이 될 미탄니를 건국한 후르리인Hurrian, 그리고 셈어족을 사용하는 아시리아인 등이 섞여 있었다.

히타이트 왕국 이후의 사료에서는 루비어 사용자가 주로 아나톨리아 서부와 남부에, 그리고 히타이트어 사용자가 중앙 아나톨리아 북부('붉은 강'으로 둘러싸인 지역, 붉은 강은 튀르키예어로 '크즐으르막'이라 함)에 분포했음을 알 수 있다. 또 히타이트 북쪽에는 히타이트어와 가까운 언어인 팔라어를 쓰는 사람들도 있었다. 이들 중 아나톨리아에 제일 먼저 유입된 집단이 루비어 사용자들이었고 그다음은 히타이트어 사용자, 그다음은 팔라어 사용자들이었다. 어쨌든 아나톨리아는 다언어 사회였다.

아시리아 상인이 기록한 도시국가의 사회상

아시리아 상인이 퀼테페에 남긴 수만 장의 쐐기문자 점토판 대부분이 상업 거래에 관련된 문서인데, 그중에는 빚 변제에 관한 상소, 이혼 조정 기준, 카네시 왕의 관세를 피하기 위한 밀무역 및 탈세 사건 등이 적나라하게 기록된 것도 있어서 당시 아시리아 거류민 사회의 실상을 엿볼 수 있다.

> 이라의 아들이 푸슈켄에게 밀수품을 보냈는데 궁정이 밀수품을 압수하고 푸슈켄을 체포하여 감옥에 보냈습니다. 경비가 삼엄합니다. 영주의 부인이 루후사디야, 후라마, 살라슈아, 그리고 자신의 고국으로 편지를 보내이 밀수 사건을 알렸으므로 지금은 초소가 설치되었습니다. 제발 밀수품을 보내지 마십시오. 만약 티밀키야에 오신다면 국경을 넘어 가져오려 했

던 운철(철이 많이 포함된 운석)을 티밀키야에 있는 안전한 집에 두고 돌아가세요. (중략)

혹시 누군가가 (중략) '나에게 주석이나 직물을 주면 밀수해주겠다, 내가 그것을 수배할 수 있다'라고 설득해도 그 말에 귀를 기울이면 안 됩니다. 거기에는 함정이 도사리고 있으니까요.

- 아시리아의 푸주르아수르왕에게 보내는 서간(퀼테페 출토)*

쿠타눔 직물 20개, 아카드 직물 4개는 내 소유물이다. 이시므신의 쿠타눔 직물 5개까지 전부 이리알름이 출발했을 때 밀수했다. 주석 1빌투(약 30kg)와 10마누(약 5kg), 쿠타눔 직물 5개는 내 소유물이다. 주석 20마누(약 10kg)와 직물 6개는 이시므신의 소유물로 이시므신이 자기 대상을 통해 밀수했다.

- 밀수 지시서(퀼테페 출토)

아캅시의 아들 갈루아가 수벨룸의 딸 탐나니카와 결혼했다.

만약 갈루아가 그녀와 이혼하면 그는 그녀에게 은 2미나(약 1.14kg, 1미나는 약 0.57kg)를 주어야 한다. 그리고 만약 탐나니카가 그와 이혼하면 그녀는 그에게 은 2미나를 주어야 한다. 누누, 아타, 아수르라비, 알리아훔의 입회하에, 그(갈루아)는 그녀를 학대하지 않기로 맹세한다.

(※ 위 내용의 점토판 문서가 들어 있는 점토 봉투에는 아래 내용이 기재되어 있음)

---

* 출처: 호르스트 클렝겔Horst Klengel 저, 《고대 오리엔트의 무역과 상인Handel und Händler im alten Orient》 일본어 번역서는 에가미 나미오江上波夫 역, 《고대 오리엔트 상인의 세계古代オリエント商人の世界》

> 에키아의 아들 누누의 인장, 알리아훔의 인장, 투투피알라의 아들 아타의 인장, 아타티아의 아들 아수르라비의 인장, 아캅시의 아들 갈루아의 인장 (이상은 날인에 대한 설명).
>
> 아캅시의 아들 갈루아는 수벨룸의 딸 탐나니카와 결혼했다.
>
> 갈루아가 그녀와 이혼하면 그는 은 2미나를 그녀에게 준다. 그는 그녀를 버려서는 안 된다. 그리고 만약 탐나니카가 그와 이혼하면 그녀는 그에게 은 2미나를 주어야 한다.
>
> -혼인문서 요약(퀼테페 출토)

점토판 중 특히 중요한 것이 현지 아나톨리아의 정치 정세에 관한 보고서로, 이를 통해 도시국가가 분립하고 항쟁했던 당시 아나톨리아의 정치 상황을 파악할 수 있다. 결론부터 말하자면 히타이트 왕국은 이런 도시국가 일부가 연합하여 성립한 듯하다.

아시리아 상인의 문자 사료에는 후르멜리 · 이나르 · 와르샤마 · 피타나 · 아니타 등 역대 카네시 왕의 이름이 기록되어 있다. 이런 왕들이 현대로 치면 총리, 외교부 장관, 재정부 장관, 국방부 장관 등 다양한 관직을 맡은 신하들을 거느렸다고 되어 있으므로, 비록 독자적인 문자는 없었지만 상당히 복잡한 행정기구가 갖추어져 있었다는 사실을 짐작할 수 있다.

이후 히타이트인은 카네시의 왕 중 피타나와 아니타 부자를 히타이트의 먼 조상으로 여겼다. 피타나는 원래 쿠사라(소재지 미상)라는 다른 마을의 왕이었는데 밤에 와르샤마를 기습하여 쓰러뜨리고 카네시(=네샤, 퀼테페)를 점령했다고 한다. 그리고 기원전 1730년경 그 뒤를 이은 아니타는 카네시를 본거지 삼아 정복 활동을 계속하여 '크즐으르막(붉은 강)'으로 둘러싸인 중앙 아나톨리아 전역, 즉 나중에 히타이트 제국의 핵심이 될 지역을 거의 통일하고 '대왕'이라는 호칭을 얻었다. 조금 길지만 그 이야기 일부를 인용한다.

> 피타나의 아들이자 쿠사라의 왕인 아니타는 말한다. 하늘의 기후 신 테에게 그는 좋은 자였다.
>
> (피타나는) … 네샤를 밤에 기습하여 정복했다. 네샤의 왕을 잡았지만 그 주민에게는 해를 끼치지 않고 부모처럼(?) 대했다.
>
> … (피타나의 사후에 반란이 일어났지만) 내가 같은 해에 반란을 진압했다. 태양(신)의 가호로 반란을 일으킨 나라를 모두 무찔렀다.
>
> … 울라마 … 그 후 하티의 왕은 … 테스마를 공격했다. … 네샤로 … 하르키우나 마을을 낮에 … 마을을 밤에 제압했다. … 마을을 낮에 …. 이 (마을)들을 네샤의 기후 신에게 바쳤다. 그리고 기후 신에게 … 우리는 다시 … 나보다 나중에 왕이 될 자이자 [울라마, 데네Dene?]다da, 하르키우나에 백성을 살게 하려는 자는 네샤의 […의] 적이다. 그리고 전 국토의 적이다. 사자처럼 나라를 ….
>
> … 이런 말들을 판에 새기고 문에 […]. 이후 [이 판]을 파괴하는 자 없도록 하라. 그것을 파괴하는 자는 네샤의 기후 신의 적이다.

다시 하티 왕 피유스티가 (저항)해 왔다. 그자가 원군으로 데려온 자들을 살람파 마을에서 [진압했다].

모든 나라는 잘푸와에서, 바다에서… 예전에 잘푸와의 왕 우흐나가 우리 네샤의 신(상)을 잘푸와로 가져갔지만, 그 후 대왕 아니타가 신(상)을 잘푸와에서 네샤로 되찾아 왔다. 잘푸와의 왕 후지야를 사로잡아 네샤로 데리고 돌아왔다. 피[유스티는] 하투샤 마을을 강고하게 했다. 그리고 나는 (그 곳을) 내버려두었다. 그러나 나중에 기근이 일어나자 그 (마을의) 신이 할마슈이트 신을 내쫓았다. 나는 야습으로 그 마을을 정복하고 잡초를 뿌렸다. 나보다 나중에 왕이 되어 하투샤를 재흥하려 하는 자는 하늘의 기후 신이 망하게 하기를! …

그리고 나는 네샤에 성벽을 쌓았다. 하늘의 기후 신의 집(※신전)과 우리 신의 집을 지었다. 할마슈이트 신의 집, 우리 주인인 기후 신의 집, 그리고 우리 신의 집을 지었다. 가지고 돌아온 전리품으로 채웠다.

나는 맹세하고 […] 같은 날에 사자 2마리, 늑대 70마리, 돼지 60마리, 동물 120마리: 표범, 사자, 사슴, 염소[…]. 그리고 우리 마을인 네샤로 가지고 돌아왔다.

[…]의 해, 나는 살라티와라 전쟁터로 나갔다. 살라티와라의 영주는 그 아들들과 함께 반란을 일으켜 (중략) 훌란나강에 진을 쳤다.

네샤의 군대는 그들의 뒤로 돌아가서 그 마을에 불을 질렀다. 마을 포위: 보병 1,400명(과?) 마차 40대(로 실행했다). 그리고 은과 금을 갖고 그곳을 떠났다.

아니타의 이름이 새겨진 창 촉_퀼테페 출토, 아나톨리아 문명 박물관

형상 토기_퀼테페 출토, 아나톨리아 문명 박물관

'아니타의 공적' 문서_이스탄불 고고학 박물관

> 내가 [⋯로] 출정하면 푸루샨다에 사는 자들은 공물을 바쳤다. 철 옥좌와 철을 보냈다. 내가 네샤로 돌아올 때 푸루샨다의 영주를 데리고 왔다. 방에 들어갈 때 그자는 내 앞 오른쪽에 앉을 것이다.
>
> -'아니타의 공적'The Deeds of Anitta 문서에서

아니타가 전승을 감사하여 기후 신에게 공물을 바쳤다는 글이 퀼테페에서 출토된 청동제 창 촉에 새겨져 있었으므로 아니타는 실존 인물이라 할 수 있다. 히타이트인이 자기 언어를 '네샤어'라고 부른 것을 보면 그가 카네시(네샤)를 본거지로 삼은 것도 사실인 듯하다.

그러나 이 히타이트어 점토판 문서의 기록, 즉 '아니타 문서'는 수백 년 후인 히타이트 고왕국 시대(기원전 16세기)에 쓰인 것이다. 아

니타의 시대에 기록되었다고 히타이트인이 믿었을 뿐이다. 그리고 퀼테페에서 출토된 아시리아 상인의 점토판 문서에 따르면, 아니타가 죽은 후 카네시의 왕위를 이은 사람은 아니타의 아들이 아니라 전에 알라지나라는 마을의 왕이었던 즈즈라고 한다. 따라서 아니타의 영역 국가가 곧바로 히타이트 왕국의 성립으로 이어지지는 않은 듯하다. 동시대 사료로는 애초에 아니타가 '히타이트어'를 쓰는 '히타이트인'이었는지도 단정할 수 없다. 카룸 시대가 끝나면서 카네시 마을이 쇠락한 탓에 이후의 사료도 빈약하다.

따라서 아니타 시대 이후부터 히타이트 왕국이 성립하기까지 대략 100년간의 중앙 아나톨리아의 역사는 수수께끼에 싸여 있다. 아시리아 상인이 기원전 1700년경 이후 아나톨리아를 찾지 않았던 탓에 문자 사료가 없기 때문이다. 아시리아 상인이 발길을 끊은 이유는 명확하지 않지만, 중앙 아나톨리아의 도시 유적 대부분에서 이 시기에 외부 침략으로 생긴 듯한 화재 흔적이 남았으므로 그들도 전란을 피하려 아나톨리아를 방문하지 않았을 가능성이 있다.

그러나 토기 등 고고학 자료상으로는 기원전 18세기까지의 카룸 시대와 이후 히타이트 고왕국 시대 사이에 큰 단절이 보이지 않는다. 따라서 카룸 시대 도시국가의 문화는 히타이트 고왕국 시대까지 거의 그대로 이어졌다고 할 수 있다.

히타이트 성립기의 지도

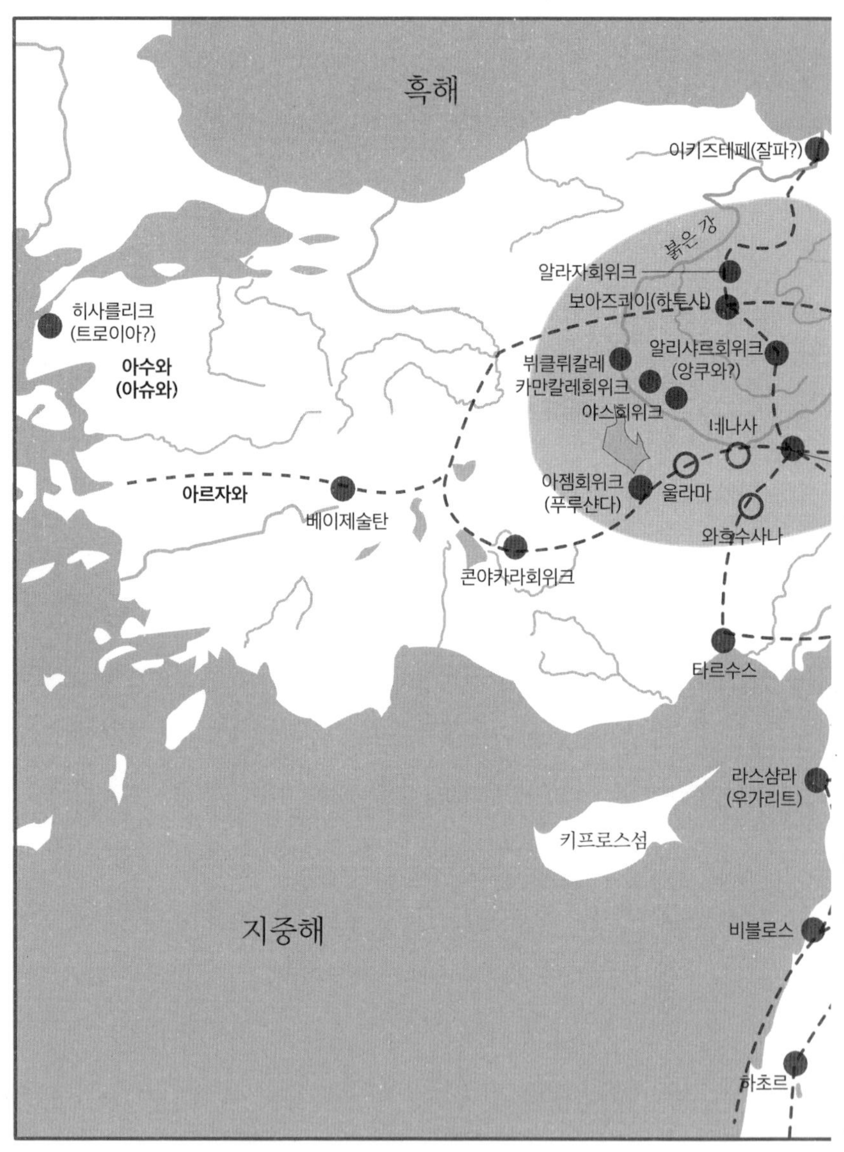
흑해
이키즈테페(잘파?)
붉은 강
알라자회위크
보아즈쾨이(하투사)
히사를리크
(트로이아?)
아수와
(아슈와)
알리샤르회위크
(앙쿠와?)
뷔클뤼칼레
카만칼레회위크
야스회위크
네나사
아젬회위크
(푸루샨다)
울라마
아르자와
베이제술탄
와후수사나
콘야카라회위크
타르수스
라스샴라
(우가리트)
키프로스섬
지중해
비블로스
하초르
아니타의 세력 범위(추정)
함무라비(바빌론 제1왕조)의 최대 세력 범위

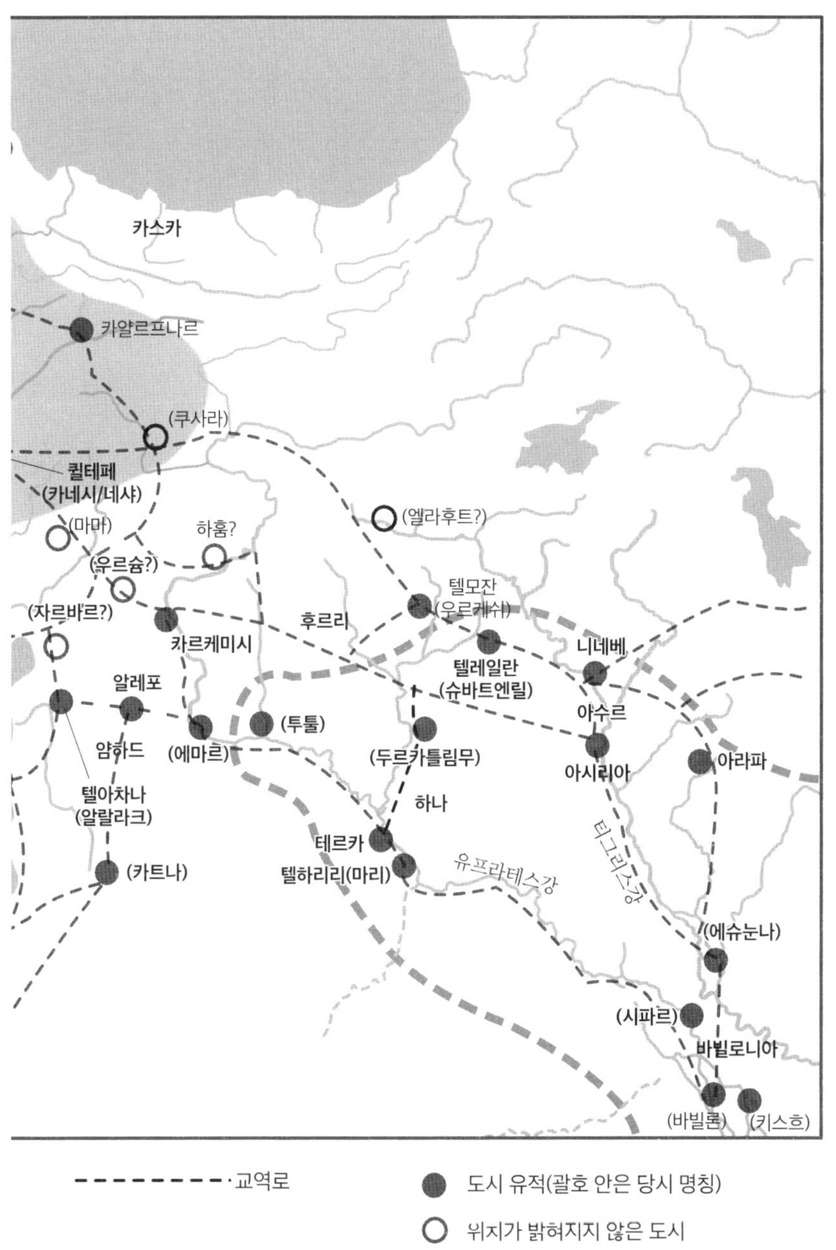
카스카
카얄르프나르
(쿠사라)
퀼테페
(카네시/네샤)
(마마)
하훔?
(엘라후트?)
(우르슘?)
(자르바르?)
카르케미시
후르리
텔모잔
(우르케쉬)
텔레일란
(슈바트엔릴)
니네베
알레포
(투툴)
아수르
얌하드
(에마르)
(두르카틀림무)
아시리아
아라파
텔아차나
(알랄라크)
하나
테르카
텔하리리(마리)
유프라테스강
티그리스강
(카트나)
(에슈눈나)
(시파르)
바빌로니아
(바빌론)
(키스흐)
교역로
도시 유적(괄호 안은 당시 명칭)
위치가 밝혀지지 않은 도시

제2장

히타이트 고왕국 시대, 히타이트 왕국의 건국

시리아까지 정복한 하투실리 1세

히타이트 왕국의 초대 왕은 기원전 17세기경의 인물 라바르나였다고 전해진다. 라바르나는 후대 왕 하투실리 1세나 텔레피누의 점토판 문서에 언급되었을 뿐 별도의 사료가 없어 잘 알려지지 않았지만, 이후 역대 히타이트 왕들이 '대왕'의 칭호로 '라바르나'의 변형인 '타바르나'를 쓴 것을 보면 인물명이었던 '카이사르'가 후세에 '황제'를 뜻하는 칭호로 쓰인 것처럼 그가 히타이트의 태조로 여겨진 것은 틀림없다.

단, 기원전 14세기 이후의 '제국 시대'(신왕국 시대)에는 '타바르나'라는 칭호 대신 '우리 태양'이라는 칭호가 일반적으로 쓰이게 된다. 역대 대왕의 왕비들도 라바르나의 왕비 타와난나의 이름을 칭호로 썼다. 몇 대 후의 왕 텔레피누의 기술에 따르면 이 라바르나가 비다까지 정복했다고 하는데, 그 바다는 아마 흑해였을 것으로 추측된다.

> 대왕이자 타바르나인 텔레피누는 이렇게 말한다. 옛날에 라바르나가 대왕이었다. 그 아들들, 친족들, 병사들이 모였다. 나라는 작았으나 공격한 모든 곳을 그 강한 팔로 쳐부쉈다. 나라들과 적들을 복속시켰다. 그 영역을 바다까지 넓혀 경계로 삼았다. 원정에서 돌아오면 아들들을 국내에 각각 배치했다. … 그들은 마을을 다스리고 큰 도시는 그들의 수중에 있었다.
>
> -'텔레피누 칙령'

라바르나의 뒤를 이은 하투실리 1세는 히타이트 왕국의 실질적인 초대 왕이라 할 수 있다. 그는 원래 쿠사라(소재지 미상)의 왕이었지만 수도를 현재의 보아즈쾨이 유적이 있는 하투샤로 옮기면서 이름을 '하투샤의 사람'을 뜻하는 '하투실리'로 바꾸었다.

그러나 앞서 소개한 '아니타의 업적'에 따르면, 새로운 수도 하투샤는 쿠사라 왕 아니타가 파괴한 후 '나중에 재흥하려는 자는 망하도록' 저주까지 걸었던 마을이다. 게다가 라바르나의 '7명의 아들'을 제치고 왕이 된 하투실리는 자신이 직접 말했듯 라바르나의 '왕비(타와난나)의 형제의 아들'로, 선왕과 혈연적으로 그다지 가깝지 않은 관계였다. 이에 관해 다양한 설이 있는데, 역대 히타이트 왕비의 권력이 초기에는 특히 강했다는 점에 주목하여 히타이트의 왕권

히타이트 왕의 계보

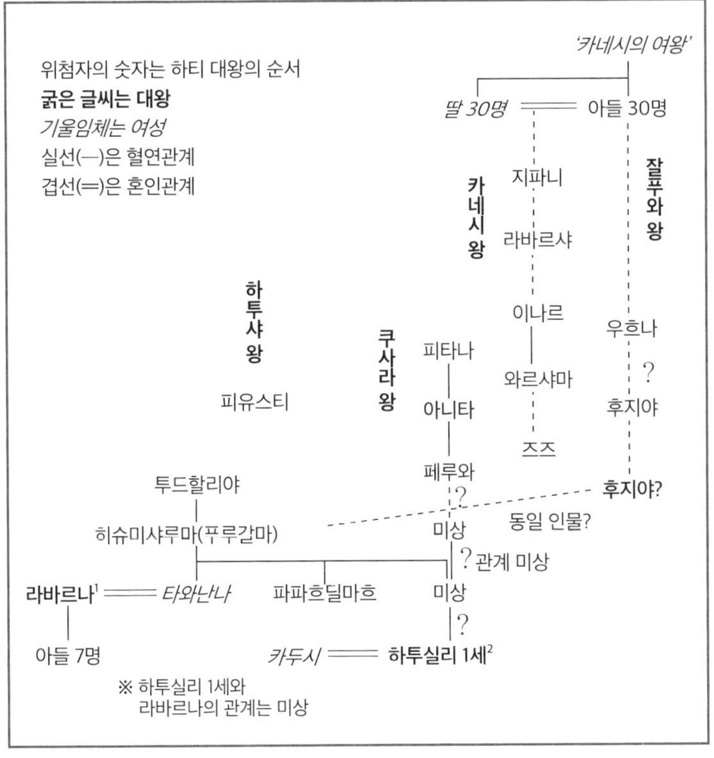

이 모계로 상속되었다고 주장하는 학자도 있다.

최근에 어떤 이탈리아 학자는, 여러 도시국가의 연합으로 성립한 히타이트의 왕위를 혼인으로 맺어진 두 연합인 잘푸와 · 하투샤의 북방 연합과 쿠사라 · 카네시의 남방 연합이 번갈아 계승했다고 주장했다. 즉, 다음 왕을 자기 왕비의 친족 중에서 번갈아 추대하여 왕권을 세습했다는 것이다.

광대한 보아즈쾨이 유적

이 학설은 아니타와 라바르나 중 누가 진짜 시조인지 헷갈리게 만드는 건국 설화, 혼인으로 맺어진 형제나 사위가 히타이트 왕위를 자주 찬탈하려 했던 이후의 역사를 근거로 들고 있다. 이 학설이 사실이라면 남쪽 나라 쿠사라 출신의 하투실리가 북쪽의 하투샤로 수도를 옮긴 것도 북방 세력과 정치적으로 타협한 결과라 할 수 있다. 한편, 카룸 시대의 핵심 도시였던 카네시는 어떤 시점에 멸망한 듯하다. 히타이트 왕국 수립 이후 카네시에 대한 사료가 전혀 없기 때문이다.

어쨌든 하투실리 1세는 유능한 인물이었다. 그래서 하투샤로 천도한 후 중앙 아나톨리아를 통일했을 뿐만 아니라 고대 오리엔트 세계 전체의 교역 요충지였던 남방 도시 시리아까지 진출하여 알랄라크 마을(튀르키예 남부의 텔아차나 유적)을 정복했다. 서쪽으로 원정을 떠난 사이에 후르리인의 침략을 받아 위기에 빠지기도 했지만 바로 회복하고 유프라테스강을 건너 시리아의 도시국가를 차례차례 복속시켰다고 한다.

> 대왕 타바르나(라바르나)는 왕으로 하티에 군림했다. (그는) 타와난나 형제의 아들이었다. 나는 샤휘타를 공격했다. 마을을 파괴하지는 않았으나 주변을 황무지로 만들었다. 나는 군대를 둘로 갈라 거둬들인 것을 나눠주었다. 나는 찰파르를 침공하여 파괴했다. 그 마을의 신(상)들과 전차 3대를 아린나의 태양 여신에게 바쳤다. 은으로 된 소를 기후 신의 신전으로 옮기고 신(상) 9개를 메줄라 신전으로 옮겼다.
>
> 이듬해에는 알랄라크를 공격하여 파괴했다. … 그 후 아르자와로 갔다. 거기서 소와 양을 잡았다. 그러나 등 뒤에서 하니갈바트(※후르리인)가 내 나라를 습격했다. 모든 나라가 나에게 적의를 품게 되었다. 하투샤만 남았다. … 이듬해 나는 차룬티로 가서 그곳을 파괴했다. 하수로 향하자 적이 나에게 맞섰다. 할라브(※알레포) 군대도 거기 있었다. 아달루르의 산중에서 나는 그들을 무찔렀다. 며칠 후 대왕은 사자처럼 푸란(※유프라테스강)을 건넜다. 마치 사자처럼 하수를 정복하고 하티를 전리품으로 채웠다. 금과 은이 끝이 없었다. 아르마루크의 주인인 기후 신, 할랍의 주인인 기후 신, 알라툼, 아달루르, 릴루리, 은으로 된 소(상) 2개, 은과 금으로 된 상 13개, […]

> 2개. 신전 안쪽 벽을 금으로 장식하고 문과 책상도 금으로 장식했다.
>
> 대왕 타바르나는 치파스나를 향하며 사자처럼 하후 마을과 대치했다. 그리고 치파스나를 파괴했다. 그곳의 신(상)들을 아린나의 태양 여신에게 가져갔다. … 누구도 푸란을 건넌 적이 없었지만 대왕 타바르나는 몸소 그곳을 건넜다. (예전) 사르곤(※ 아카드의 왕)은 그곳을 건너 하후의 군대를 [데려]갔으나 하후 마을에 아무것도 하지 않았다. 불을 지르지도, 기후 신에게 연기를 올리지도 않았다. 그러나 대왕 타바르나는 하스의 왕(과) 하후의 왕을 쓰러뜨리고 (마을에) 불을 지르고 하늘의 태양신과 기후 신에게 연기를 올렸으며 하후의 왕을 수레에 묶었다.
>
> -'하투실리 1세 연대기'에서

후계 문제로 고심한 히타이트 왕들

하투실리는 가정적으로는 불행한 인물이어서 후계자로 지명한 아들과 딸에게 배반당하고 손자인 무르실리 1세에게 왕위를 물려주었다. '하투실리 1세의 정치적 유언'이라는 문서에는 아들과 딸처럼 되지 말고 자기 말을 잘 들으라며 손자를 구구절절 타이르는 글이 새겨져 있다. '빵을 먹고 (술이 아닌) 물을 마셔라(주색에 빠지지 말라는 경고), 신하의 말을 잘 듣고 자비롭게 다스려라'라는 식이다. 예나 지금이나 가족 문제는 최고의 난제여서 건국 영웅조차 풀지 못했던 모양이다.

'하투실리 1세 연대기' 문서
_아나톨리아 문명 박물관

내 가족은 아무도 내 뜻을 따르지 않았다. 너는 내 아들이다, 무르실리여! … 내 말을 따르거라! 이 아비의 말을 존중해라. 빵을 먹고, 물을 마셔라! 네 마음이 성숙하다면 낮에 두 번 또는 세 번 식사하고 신체를 유지해라. 네 마음이 늙었다면 술을 마시고 아비의 말을 잊어라.

너는 나에게 가장 가까운 신하다. 내 말, 왕의 말을 존중해라. 빵을 먹고 물을 마셔라(nu NINDA-an azzasteni watarra ekutteni)*. 그러면 하투샤는 존속하고 나라는 번영할 것이다. 왕의 말을 가볍게 여기면 너희는 오래 살지 못하고 멸망할 것이다. (중략)

* 이것이 세계 최초로 해독된 히타이트어 문장이다.

너희는 나 라바르나, 대왕의 말을 들어라. 이것을 지키면 하투샤, 즉 나라는 번영한다. 너희는 빵을 먹고 물을 마셔라. 내 말을 지키지 않으면 너희 나라는 다른 자에게 속하게 된다. 신들의 말에 경의를 표해라! 두툼한 빵, 술, 요리, 곡물을 준비해라.

대왕 라바르나는 무르실리에게 말하였다. "내가 말을 주었으니 매월 신하들에게 이 점토판을 네 앞에서 읽도록 명하라. 내 말과 내 지혜를 마음에 새겨라. 네 종과 신하를 자비로 다스려라. 만약 누군가의 죄업을 보거나 신을 모독하거나 누군가가 무언가를 말한다면 총회(※판쿠 = 왕의 자문기관이자 귀족회의)에 물어보아라. 내 아들이여, 그 마음에 있는 일을 해라."

대왕 라바르나는 하스타야르*에게 말했다. "나를 거절하지 마라! … 나를 깨끗이 하고 그 가슴으로 받아들이고 땅으로부터 지켜라!"

-'하투실리 1세의 정치적 유언'에서

젊은 나이에 왕위에 오른 무르실리 1세는 조부의 시리아 원정 사업을 이어받아 알레포 정복에 성공했다. 그리고 멀리 떨어진 메소포타미아의 중심 도시 바빌론까지 원정을 떠났다. 아나톨리아에서 1,000km 이상 떨어진 곳이었지만 유프라테스강을 따라 남하하여 도달했고, 대원정을 멋지게 성공시켜 바빌론 제1왕조, 즉 '함무라비 법전'으로 유명한 함무라비가 세운 왕조를 멸망시켰다. 그러나

---

* 이 글의 화자인 하투실리 1세의 딸이자 무르실리 1세의 고모.

히타이트 고왕국 시대 왕의 계보

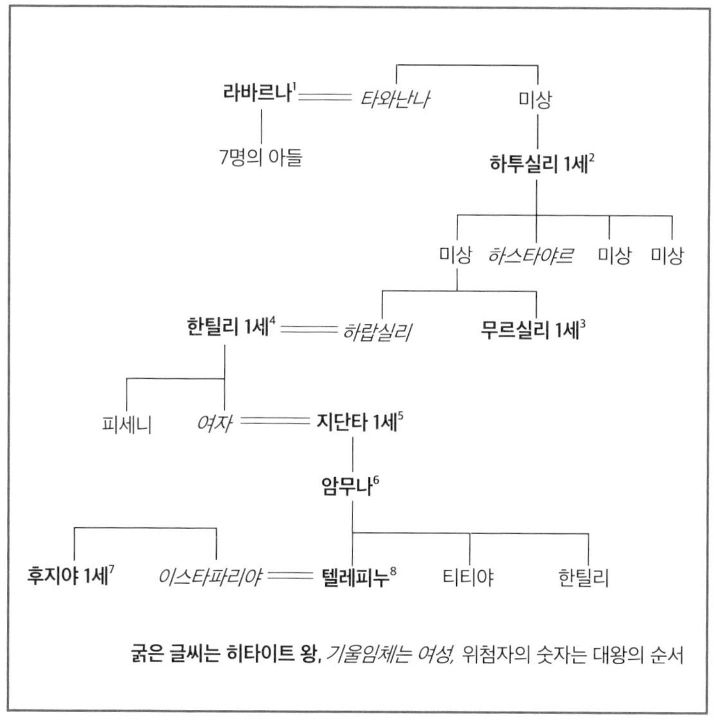

본거지에서 너무 먼 곳이어서 지배력을 유지하지 못한 탓에 바빌론에서 금세 퇴각했고, 심지어 퇴각하는 길에 미탄니 왕국의 후르리인에게 공격당하기도 했다.

이 대원정의 시기는 아직 확실히 밝혀지지 않았으나 메소포타미아 측의 천문 관측 기록과 왕의 치세 기록을 참고한 '기원전 1595년 설'과 '기원전 1531년 설'이 유력하다. 한편, 히타이트 측의 기록으로는 연대를 알아내기가 어렵다. 히타이트의 사료는 일반적으로 연대를 언급하지 않고, 왕의 업적 기록(전기)에서도 '○○왕 재위 ○○년째'가 아니라 '이듬해', '그다음 해'라고 말하기 때문이다. 히타이트 측에서는 무르실리의 대원정을 언급한 사료조차 거의 발견되지 않았다. 후대 왕 텔레피누 시대의 점토판 문서에 아래와 같이 간결히 언급되었을 뿐이다.

> 무르실리가 하투샤에 군림하는 동안 그 아들들, 형제, 친족, 병사들이 모여 그 강한 팔로 적국을 무찔렀다. 국토를 바다까지 넓혔다. 그다음에는 할라브를 원정하여 초토화했다. 할라브의 포로와 전리품이 하투샤로 옮겨졌다. 그다음에는 바빌론을 원정하여 초토화했다. 또 후르리인을 공격하여 포로와 전리품을 바빌론에서 하투샤로 보냈다.
>
> -'텔레피누 칙령'에서

그러나 무르실리는 하투샤로 돌아온 후 자매인 하랍실리의 남편이자 자신의 측근인 술 맡은 자* 한틸리에게 살해당해 왕위를 빼앗겼다. 아무리 인척이라고 해도 왕을 죽인 인물이 그대로 왕좌에 앉은 것은 의아하지만, 앞서 말한 대로 히타이트에서 왕의 사위나 자매의 남편이 왕위를 잇는 것은 이상한 일이 아니었다.

---

* Cup-bearer. 왕의 식탁에 올리는 술을 담당했던 관리. 고대 사회에서는 술에 약을 타서 왕을 독살하는 일이 종종 발생했으므로 술 맡은 자는 왕의 각별한 신임을 받는 자라야 했다. 따라서 술 맡은 자는 왕의 목숨과 직결되는 존재로서 단순한 시중 역할을 넘어 국정 깊숙이까지 개입할 정도의 고위층 관리였다. 술 따르는 자, 술 관원, 술 장관 등으로도 번역된다.

이후 비슷한 찬탈이 반복되면서 히타이트의 왕권은 불안해졌다. 한틸리 1세는 사위인 지단타에게 아들과 함께 살해당해 왕위를 빼앗겼고 지단타 1세는 친아들 암무나에게 살해당해 왕위를 빼앗겼다. 암무나가 죽은 후 그의 아들들도 인척이었던 후지야에게 거의 몰살당해 왕위를 빼앗겼다. 마지막으로 암무나의 살아남은 아들이자 후지야의 인척인 텔레피누가 쿠데타를 일으켜 후지야를 퇴위시키고 왕위를 되찾았다. 텔레피누 역시 인척에게서 왕위를 빼앗은 셈이다.

라바르나가 즉위한 후 텔레피누가 즉위할 때까지의 경위가 위와 같이 '텔레피누 칙령'이라는 문서에 기록되어 있다. 텔레피누는 왕위를 둘러싼 이런 혼란이 반복되지 않도록 왕위 계승의 원칙을 정하고, 판쿠(총회)를 하투샤에 소집하여 정해진 원칙을 전달했다. 그 내용은 왕비의 적자(본처가 낳은 왕자)가 부계로 왕위를 계승해야 하며 적자가 없으면 서자, 서자도 없으면 정실이 낳은 왕녀(공주)의 남편이 계승해야 한다는 것이었다.

앞으로 하투샤에서는 아무도 왕가의 자식을 해치거나 칼로 찔러서는 안 된다. 왕위는 정실의 아들인 왕자가 이어받아야 한다. 만약 정실에게 왕자가 없다면 첩의 왕자가 왕이 되어라. 만약 왕자가 될 아들이 없다면 정실의 딸의 남편이 왕이 되어라. 나의 뒤를 이어 장래에 왕이 될 자는 형제, 아들, 혼인으로 맺어진 친족, 혈연, 그리고 군대를 모아라. 그렇게 해서 적국을 힘으로 무너뜨려라.

-'텔레피누 칙령'에서

그러나 이 칙령이 정착한 것은 한참 뒤의 일이었고, 심지어 텔레피누의 아들은 이미 암살당한 뒤였다. 참고로 텔레피누 칙령에는 왕족을 죽인 범인을 사형에 처하지 말고 툴리야(원로원)의 재판에 넘겨 형량을 정하라고 되어 있다. 텔레피누는 자기 형제를 죽였던 후지야도 죽이지 말라고 지시했지만 측근들이 멋대로 죽였다고 한다. 다만, 이 기록은 텔레피누의 변명일지도 모른다.

생산량을 안정적으로 유지하기 위한 노력

텔레피누는 왕위 쟁탈전과 연이은 흉작으로 국력이 약해진 히타이트를 다시 세우려고 이런저런 시책을 펼쳤다. 동시에 그 시책을 시행할 관료 기구도 정비한 듯하다. 바빌로니아식 쐐기문자 표기를 도입하여 (더 이른 시기에 도입했을 가능성도 있음) '토지 부여 문서'로 불리는 대량의 점토판 문서를 기록한 데서 알 수 있다.

텔레피누는 도시에 물과 곡물을 공급하려 애썼고 공물을 낼 때 속임수를 쓴 농민에게 사형을 내려 식량 증산에 박차를 가했으며 재산 분할 상속을 제한하여 농민의 영세화를 방지하려 했다.

또 형법을 정비하고 궁전 문에 재판소를 설치했으며 '봉인의 집'

보아즈쾨이 남단의 견고한 성루. 기원전 16세기 후반에 건설되었다.

으로 불리는 국립 창고를 60곳 이상, '혼합 사료의 집'으로 불리는 시설(역참?)을 34곳 설치했다.

그 결과, 고고학 조사에 따르면 기원전 16세기 후반에 하투샤(보아즈쾨이 유적)의 면적은 종래의 2배(1.8km², 약 54만 평) 가까이 확대되었고 하투샤 이곳저곳에 거대한 곡물 창고가 생겼다. 또 이 시기에 쿠샤클르(고대명 사리사)와 알라자회위크, 카만칼레회위크 등 지방 도시에도 저수지와 지하 곡물 창고가 건설된 듯하다.

앞서 말한 대로 히타이트의 역사는 연대를 추측하기 어려워서 단정할 수 없지만, 문자 사료로 미루어보면 이 모든 건설 사업이 텔레피누의 치세에 이뤄졌을 가능성이 크다.

알라자회위크 부근에 건설된 히타이트 시대의 댐

해마다 변동하는 강수량이 아나톨리아 천수 농경의 생산량을 좌우했으므로 생산량을 중앙 집권적으로 관리하기 위해 저수지, 댐, 곡물 창고를 각지에 건설하여 안정된 생산 체제를 유지하고 흉작에 대비하려 한 것이다.

외교 면에서 텔레피누는 시리아에서 전면 철수한 히타이트의 국위를 회복하려 했다. 그래서 속국이었다가 독립한 남쪽 나라(현재 튀르키예 남부 킬리키아 지방) 키주와트나의 왕 이스푸타수와 거의 대등한 조약을 맺어 시리아 진출의 발판을 마련했다. 왕끼리 개인적 조약을 맺어 상호 보증 체제를 구축하는 것이 히타이트 외교의 기본 방식이었다.

'히타이트 고왕국 시대'는 이 텔레피누의 치세로 막을 내린다. 이어지는 '히타이트 중왕국' 시대에는 앞서 언급한 왕위 쟁탈전이 한동안 이어지고 더욱 강력한 외적이 히타이트를 위협해왔다. 히타이트가 고대 오리엔트의 대국이 되려면 더 긴 시간이 필요했다.

히타이트 고왕국 시대 지도(기원전 1650~기원전 1500년)

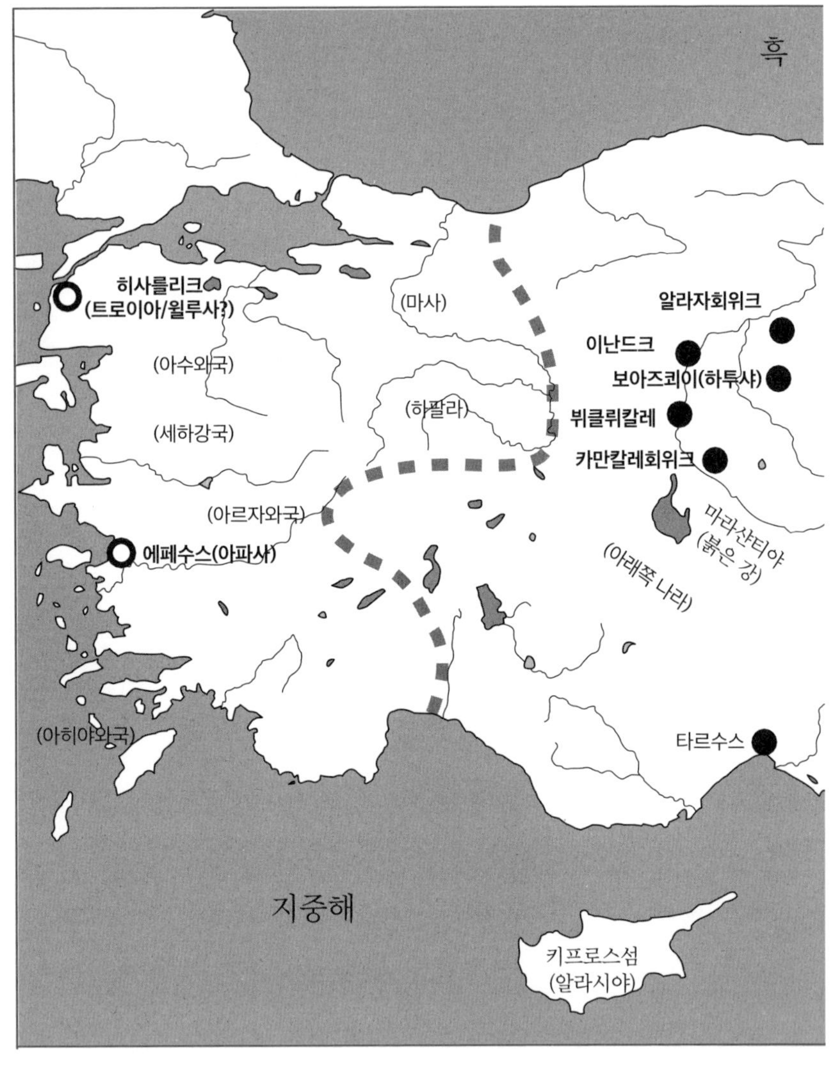

● 히타이트의 도시 유적
(괄호 안은 당시 명칭)

○ 같은 시기의 유적

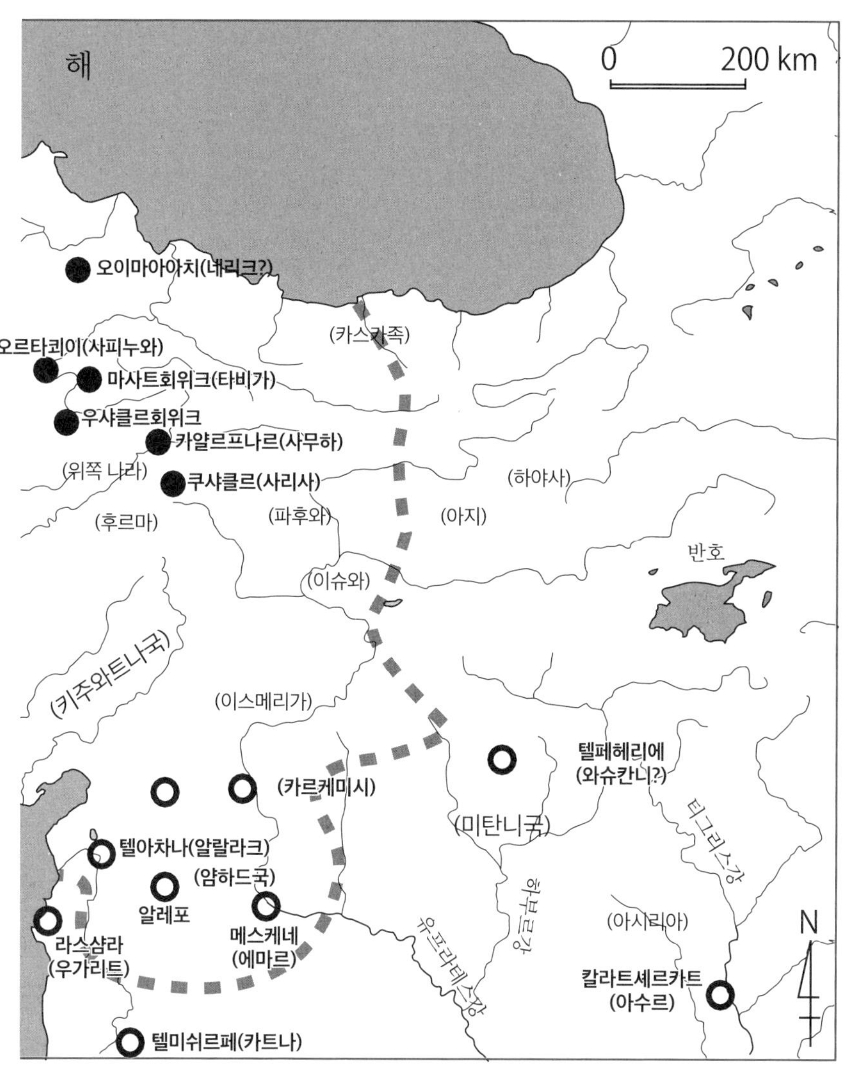

하투실리 1세가 획득한 히타이트 영토

제3장

히타이트 중왕국 시대,
히타이트 왕국의 혼란

왕위를 둘러싼 혼란과 미탄니국의 위협

텔레피누의 치세(기원전 16세기 말) 이후 수필룰리우마 1세(기원전 14세기 중반)까지 대략 150년간을 '히타이트 중왕국 시대'라고 한다. 이전에는 히타이트가 존속한 약 400년간을 나중에 소개할 투드할리야 1세(기원전 1400년경)의 즉위를 기점으로 둘로 나누어 고왕국과 신왕국(제국기) 시대로 구분하는 것이 일반적이었지만, 최근에는 히타이트어 쐐기문자의 표기 변화 등에 근거하여 히타이트 고왕국 시대, 히타이트 중왕국 시대, 히타이트 신왕국 시대(제국기) 셋으로 구분하게 되었다. 이 책에서도 이 구분법을 따랐다.*

* 고왕국과 중왕국의 구분에 대해서는 학자들 사이에 이견이 없으나 중왕국과 신왕국이 나뉘는 시기에 대해서는 학자마다 의견이 다르다. 저자는 19대 수필룰리우마 1세 시기를 중왕국과 신왕국이 나뉘는 기점으로 보는 반면, 서구권에서는 15대 투드할리야 1세 시기를 그 기점으로 본다.

키쿨리가 만든 말 조련 교본
_이스탄불 고고학 박물관

히타이트 중왕국 시대에는 투드할리야 1세 때를 제외하고 줄곧 내우외환이 이어졌다. 그래서인지 점토판 문서가 많이 남아 있지 않아 일부 시기는 왕의 순서조차 헛갈린다. 그렇다면 내우외환은 구체적으로 무엇이었을까? '내우'란 히타이트 고왕국 때부터 이어진 왕위 쟁탈전과 기후 불순에 따른 흉작을 가리키고, '외환'이란 남쪽의 후르리인과 북쪽의 카스카족의 위협을 가리킨다.

후르리인은 시리아 북부에 미타니 왕국을 세우고 와슈칸니(소재지 미상)를 수도로 삼은 민족으로, 서아시아를 동서로 관통하는 교역로를 보유하여 경제적으로 번영했을 뿐만 아니라 당대의 신병기인 전차*를 능숙하게 다루는 등 군사력도 뛰어났던 듯하다. 참고로

* 영어로는 Chariot, 성경에는 '병거'로 나옴. 스포크식 바퀴와 가축화된 말을 채용한 최신 병기. 이전의 무거운 전차와 구분하여 '경전차'로 부르기도 한다.

히타이트 중왕국 시대 왕의 계보

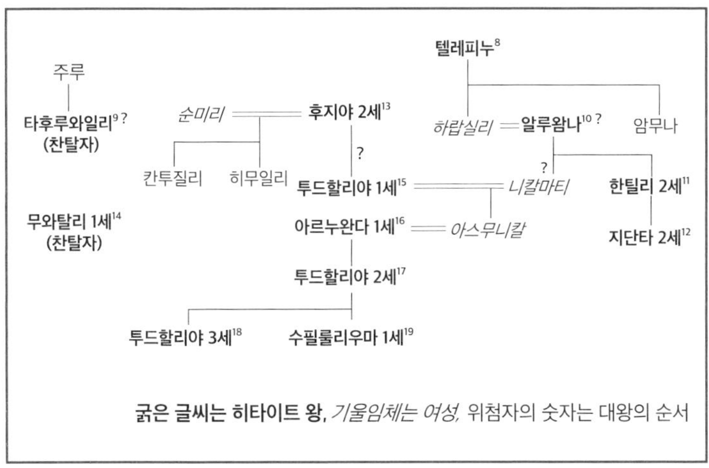

보아즈쾨이에서 전차용 말을 훈련할 때 썼던 교본이 출토되었는데, 그 문서에 등장하는 말 조련사 키쿨리가 미탄니국 출신이었다.

당시 전차의 위력은 대단하여 고대 오리엔트 최초의 대국인 이집트조차 그 위력을 당하지 못했던 듯하다. 히타이트가 건국되었을 무렵에 전차를 구사하는 힉소스*에게 국토의 북쪽 절반을 지배당하고 있었기 때문이다. 하지만 히타이트 고왕국 시대 말기에 이집트의 도시 테베의 호족 아흐모스가 힉소스를 격퇴하고 이집트를 재통일하여 제18왕조를 열었다.

한편, 아나톨리아 북단, 즉 흑해 연안의 산악 지대에 살았던 카스

* '이민족 통치자', '이국의 지배자'를 뜻하는 고대 이집트어 '헤카 크세웨트heqa khsewet'에서 유래한 말로, 나일강 동부의 삼각주 유역을 점령한 민족을 가리킨다.

카족은 도시나 통일 국가가 없어서 히타이트인에게 야만족으로 취급당하면서도 일종의 게릴라전으로 히타이트 왕국을 계속 괴롭힌 최대의 위협 요소였다.

중왕국 시대가 워낙 혼란하고 사료도 부족한 탓에 텔레피누의 다음 왕이 누구였는지는 확실히 알 수 없다. 첫 번째 후보가 타후루와일리인데, 이 사람은 '텔레피누 칙령'에 언급된 '황금 창 든 자'(근위병)와 동일인일 가능성이 있다. 그렇다면 그는 텔레피누의 아버지 암무나왕 사후에 후지야를 도와 텔레피누의 형제 티티야를 살해하고 후지야를 왕위에 올린 인물이 된다. 하지만 나중에 왕위를 탈환한 텔레피누의 지시로 왕족 살해의 대가인 사형을 면하고 평민이 되었을 것으로 추측된다.

두 번째 후보는 텔레피누의 사위인 알루왐나로, 텔레피누의 친아들이 암살당한 후 정통 후계자였던 인물이다. 그러므로 알루왐나보다 먼저 타후루와일리가 즉위했다면 그의 통치 기간에 알루왐나는 망명해 있었을 가능성이 크다. 반대로 타후루와일리가 나중에 즉위했다면 정당한 후계자를 제거하는 왕위 찬탈이 다시 일어난 셈이다. 어떤 경우에든 텔레피누 칙령이 정한 부계 왕위 상속은 이때까지도 실현되지 못했다고 할 수 있다.

그다음 왕은 한틸리 2세인데, 이 인물은 알루왐나가 발급한 토지 부여 문서에 등장하는 '한틸리 왕자'와 동일인일 가능성이 있다. 그렇다면 알루왐나와 한틸리 사이의 왕위 상속은 부자간 승계가 정상적으로 이루어진 최초의 사례가 된다. 고왕국의 제6대 왕 암무나는 아버지 지단타 1세를 살해하고 왕위에 올랐으며, 암무나 역시 아들 텔레피누를 왕위에 앉히긴 했지만 부자간에 왕위를 연속으로 계승하지는 못했기 때문이다.

후대의 문서에 따르면 한틸리가 다스리는 동안에는 카스카족이 쳐들어와 히타이트 북부의 '신성한 도시 네리크'(현재 오이마아아치 유적으로 추정)를 파괴하는 등 외부의 위협이 점점 커졌고 이름조차 알려지지 않은 왕비 대신 선왕인 아버지 알루왐나의 왕비(황태후에 해당)인 하랍실리가 타와난나(대여왕)로 군림했다고 한다.

한틸리 2세에게 왕위를 물려받은 아들 지단타 2세는 문서에 기록된 것처럼 키주와트나 국왕 필리야와 조약을 맺었다.

참고로 조약 상대인 필리야는 시리아 북부에 있었던 도시국가 알랄라크(예전에 하투실리 1세가 파괴한 곳)의 왕 이드리미와도 조약을 맺었는데, 이드리미는 메소포타미아 사료에 등장한 연대로 보아 이집트 제18대 왕조의 왕 투트모세 3세와 같은 시대인 기원전 15세기 전반의 인물로 밝혀졌다. 따라서 지단타 2세도 기원전 15세기 전반의 인물로 추측된다.

후르리인의 나라 미탄니는 당시 시리아 북부뿐만 아니라 이드리미의 나라 알랄라크도 지배하고 있었다. 그러나 이 무렵 미탄니가 투트모세 3세의 시리아 원정(유프라테스강까지 진격했다고 함)으로 잠

알랄라크의 왕 이드리미의 조각상
_텔아차나에서 출토, 대영박물관

시 약해진 틈을 타 미탄니의 속국이었던 키주와트나와 히타이트에 유리한 조약을 맺을 수 있었을 것이다.

이처럼 지단타 2세는 필리야와 자국에 유리한 조약을 맺음으로써 키주와트나국에 빼앗긴 땅을 되찾고 무너진 도시를 재건하려 했다.

지단타 2세는 왕위를 후지야 2세에게 물려주었으나 고관 무와탈리가 왕위를 찬탈했다. 그러나 무와탈리 1세 역시 왕비와 함께 살해당했다. 땅 증여 문서를 많이 남긴 것으로 보아 유력한 귀족들의 환심을 사려 한 듯한데 큰 효과는 없었던 모양이다.

키주와트나국을 보호국으로 만든 투드할리야 1세

무와탈리 1세 사후에 왕이 된 사람이 히타이트 제국 중흥의 아버지로 불리는 투드할리야 1세다. '아버지의 왕좌에 올랐다'라는 기록이 있으므로 후지야 2세의 아들일 테지만 왜 그가 왕이 되었는지는 알 수 없다. 왕을 죽인 자는 법전에 따라 벌을 받아야 하므로 무와탈리 1세 살해에 직접 가담하지 않은 투드할리야(투드할리야가 무와탈리 살해에 직접 관여했다는 기록이 없음)가 왕이 되었다고 설명할 수도 있으나 이 또한 명쾌한 설명은 아니다. 무와탈리 1세는 나중에 정식 왕이 아닌 찬탈자 취급을 받았기 때문이다.

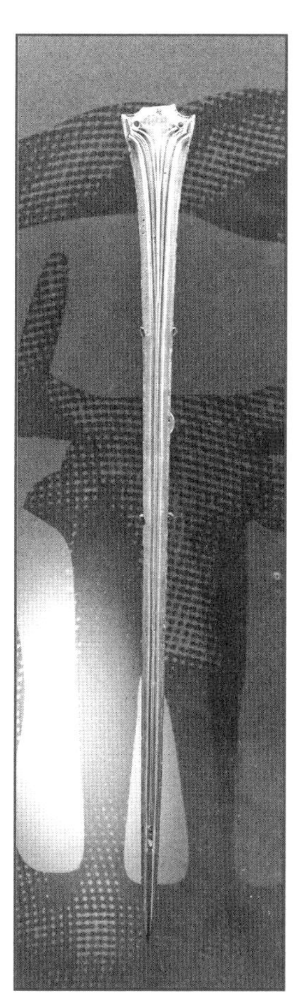

투드할리야 1세의
이름이 새겨진 동검
_이스탄불 공항 박물관

투드할리야 1세는 즉위 직후부터 적극적인 원정을 거듭한 결과, 특히 서방에서 성공을 거두어 전차 600대와 1만 명 이상의 포로를 확보했다고 한다. 덕분에 이때 히타이트 제국은 에게해까지 세력을 넓혔다. 예전에 히타이트 제국의 시대를 투드할리야 1세의 즉위를 기점으로 '고왕국 시대', '신왕국 시대(제국기)'로 나누었던 것도 이 때문이다.

1988년 하투샤(보아즈쾨이 유적)의 도로 공사에서 동검 하나가 우연히 발견되었는데 거기에 투드할리야의 이름과 함께 '아수와(또는 아슈와, 튀르키예 서부에 있었던 나라)를 토벌했을 때 바친 공물'이라는 뜻의 쐐기문자가 새겨져 있었다. 이 동검은 아나톨리아 양식이 아니라 발칸반도 또는 그리스 양식으로 만들어져 있는 것으로 보아 투드할리야 1세가 서방 원정 때 가져온 전리품일 것으로 추정된다.

참고로 이 '아수와'라는 지명이 고대 그리스를 거치며 '아시아'로 변했다는 학설도 있다.

한편, 투드할리야는 남방에서는 미탄니(후르리인이 건국)의 속국인 이슈와를 무너뜨렸으며, 외교적으로 히타이트와 미탄니 사이에서 모호한 자세를 유지했던 키주와트나를 도와 미탄니로부터 독립하게 했다. 그리고 키주와트나의 왕 슈나수라와 상호 방위 협정을 맺어 키주와트나를 사실상 보호국으로 만드는 데 성공했다.

참고로 슈나수라는 미탄니의 신하 국가인 알랄라크의 왕 니크메파와 국경을 두고 분쟁하는 중이었고, 니크메파가 메소포타미아 측 사료에 기원전 15세기 후반의 인물로 등장하므로 투드할리야 1세도 대략 그 무렵에 재위했다고 추정할 수 있다.

이제 키주와트나의 백성은 히타이트의 소가 되어 자기 우리를 선택했다.

후르리인에게서 떨어져 우리 태양(※투드할리야 1세)과 동맹을 맺었다. … 키주와트나는 해방을 기뻐해야 한다. 이제 하티와 키주와트나는 그 (복종) 의무에서 해방되었다. 우리 태양, 짐은 키주와트나의 독립을 회복시켰다. … 후르리인은 슈나수라를 종으로 취급했다. 그러나 짐은 그를 진짜 왕으로 만들 것이다. 슈나수라는 짐을 알현해야 한다. 그가 짐 앞에 서면 짐은 자리를 떠나거나 그대로 앉아 있는 자가 없게 할 것이다.

이슈와 사람들은 우리 태양을 두려워하여 후르리의 나라로 도망쳤다. 짐, 우리 태양은 후르리인에게 이렇게 전했다. "내 종을 내놓아라!" 그러나 후르리인은 우리 태양에게 이렇게 답했다. "싫다! 이 마을은 우리 조부 시대에 후르리의 것이 되어 우리가 정착한 곳이다. 그들이 나중에 하티에 난민으로 도망친 것은 사실이다. 그러나 이제 소들이 자기 우리를 선택하여 우리나라로 돌아왔다." 이렇게 후르리인은 우리 종을 짐, 우리 태양에게 반환하지 않았다.

-투드할리야 1세와 키주와트나 왕 슈나수라의 조약 문서에서

주민을 소, 나라를 우리에 비유한 것이 이상하게 느껴질지 모르지만, 아나톨리아에서는 먼 옛날부터 지금에 이르기까지 이런 풍경, 즉 소치기가 소 떼를 적당히 나누어 마을에서 멀리 떨어진 목장까지 데려가 충분히 풀을 뜯게 한 다음에 저녁때쯤 마을의 우리로 다시 몰아넣는 풍경이 지극히 일상적이다. 아나톨리아의 왕다운 비유다.

키주와트나 내에 후르리인이 많이 살고 있기는 했지만, 키주와트나가 공식적으로 히타이트의 속국이 되자 히타이트에 후르리계 문화(특히 종교)가 유입되기 시작했다. 투드할리야의 왕비 니칼마티도 이름이 후르리계인 것을 보면 키주와트나 출신일 가능성이 있다.

카스카족의 공격으로 황폐해진 히타이트

그러나 히타이트의 기세는 오래가지 않았다. 투드할리야 1세의 왕위를 사위(왕녀 아스무니칼의 남편)인 아르누완다 1세가 이었지만 북방의 카스카족이 히타이트를 계속 괴롭혔다. 카스카족은 통일 국가가 없었으므로 한 부족장과 평화 조약을 맺었어도 다른 부족이 공격해 오면 소용이 없었다. 마을을 공격하고 신전을 파괴하고 주민을 노예로 삼고 가축을 빼앗는 카스카족에게 대응하느라 고생이 많았는지, 아르누완다가 국경 마을과 수도 하투샤의 시장에게 보낸 방어 및 경계 지시서가 출토되기도 했다.

또 아르누완다는 히타이트 남동부에 있었던 파후와의 왕 미타에게도 배반당해, 미타와 손잡은 이슈와국에게 히타이트 영내의 도시 쿠무(고대 콤마게네 왕국의 수도, 현재 삼사트)를 공격당한 적도 있다.

한편, 이 무렵부터 후르리인의 문화뿐만 아니라 루비인의 문화도 히타이트 제국에서 큰 비중을 차지하게 된 듯하다. 아르누완다 1세 때부터 왕의 인장에 히타이트어 쐐기문자와 함께 루비어 상형문자

아르누완다 1세와 왕비 아스무니칼의 기도문_이스탄불 고고학 박물관

가 병용되었기 때문이다. 그래서 투드할리야 2세 시대에는 왕이 히타이트어 이름과 후르리어 이름을 동시에 쓰기 시작했고 왕비 중에도 후르리계 이름을 쓰는 사람이 많아졌다. 참고로 히타이트어와 친척관계인 루비어를 쓰는 루비인들은 후르리인들과 함께 아나톨리아 남부의 키주와트나에 많이 살았다. 그리고 앞서 말했듯 아나톨리아 서부에도 많이 살았다.

아르누완다 1세의 아들로 왕위를 이은 투드할리야 2세 때는 상황이 더욱 나빠졌다. 타비가(튀르키예 북부의 마사트회위크 유적) 등 국경 마을이 카스카의 공격으로 차례차례 불탔고 수도 하투샤도 공격당한 듯하다. 당시 이집트 왕 아멘호테프 3세와 아나톨리아의 서쪽

역대 히타이트 왕의 인장이 찍힌 봉니*_아나톨리아 문명 박물관

나라 아르자와 왕 타르훈다라두가 주고받은 점토판 문서(이집트의 아마르나 유적 출토)에 '하투샤는 무너지고 히타이트는 끝났다'라고 쓰여 있는데, 이때 공격한 세력이 카스카족일 것으로 추정된다. 당시 아르자와는 이집트에 왕녀를 시집보내 동맹을 맺고 영토를 중앙 아나톨리아까지 확대했다. 히타이트의 지방 도시 유적인 쿠샤클르(고대명 사리사)의 대신전도 이 시기에 불탄 흔적이 있는데 이것 역시 카스카와의 전쟁 흔적일 것이다.

참고로 이때의 아마르나 서간(타르훈다라두가 아멘호테프 3세에게 보

---

* 封泥. 편지 봉투 등을 밀봉하여 인장을 찍는 봉인의 일종. 밀봉 재료로 밀랍을 쓰면 봉랍, 진흙을 쓰면 봉니라고 한다.

쿠샤클르 유적에 있는 대신전의 지성소. 화재로 일건(햇볕에 말려 자연 건조한) 벽돌이 붉게 변했다.

낸 답장)은 히타이트어로 되어 있어, 아르자와의 공용어가 히타이트어였음을 알 수 있다. 보통 전례에 따르면 이런 외교 문서에는 당시 국제어인 아카드어가 쓰였으나 메소포타미아에서 멀리 떨어진 아르자와가 그런 전례를 모르고 자국의 공용어를 쓴 것이다.

이집트의 왕 님무아레야(※아멘호테프 3세의 즉위명 네브마아트라가 잘못 전해짐) 대왕은 다음과 같이 알린다. 아르자와의 왕 타르훈다라두여.

(※이하 상투적인 인사말 생략)

사자 이르사파를 그대에게 보내며 다음과 같이 명했다. "그들이 우리 주께 보낸 딸을 만나라." 그가 그녀의 머리에 기름을 부을 것이다. 나는 그대

에게 금이 든 자루를 보냈다. 그것은 최고 품질이다. (※중략)

그들(사자)은 그대에게서 내 딸의 혼인 예물을 받아 돌아올 것이다. 내 사자와 그대의 사자는 … (결락) … 또 나에게 … (결락) …를 보내라. (결락) … 카스카 사람들을 … (결락) …. 모든 것이 끝나고 하투샤가 뿔뿔이 흩어졌다고 들었다. 나는 사례품으로 나의 사자 이르사파에게 다음의 물품을 맡긴다. 20미나(약 10kg)의 금이 든 자루, 가벼운 아마 옷 3벌, 가벼운 아마 망토 3벌, 아마 huzzi 3벌, kušitti 8벌, 아마 šawalga 100벌, 아마 happa 100벌…, 아마 mutalliyašša 100벌, '향유'가 들어 있는 대형 kukkubu 그릇 4개, '향유'가 들어 있는 kukkubu 그릇 6개, 아름다운 šarpa와 금이 상감象嵌된 흑단 의자 3개, 상아가 상감된 흑단 의자 10개, 흑단 기둥 100개.*

-아마르나 서간 EA31에서

칼바야는 나에게 이렇게 말했다. "혈맹을 맺지 않겠는가." 이 건에 대해 나는 칼바야를 신용하지 않는다. 그는 분명 그렇게 말했지만 문서에는 기록하지 않았다. 만약 그대(※아멘호테프 3세)가 정말로 내 딸을 바란다면 어찌

* 이 서간은 아마르나 서간 중에서 히타이트어로 쓰인 특징이 있다. 원문에는 이집트와 아르자와 왕국 간 정략결혼을 위한 외교적 선물목록 중에서 일부는 히타이트어를 번역하지 않고 그대로 실었다. 선물목록을 우리말로 번역하면 대략 '금 한 자루(20미나, 약 10kg), 가벼운 아마 옷 3벌, 가벼운 아마 망토 6벌 등 아마 옷 300벌, 향유가 담긴 그릇 10개, 귀금속으로 상감된 흑단 의자 13개와 흑단목 기둥 100개'다. 이중에서 'šarpa도 아직 무슨 뜻인지 알려지지 않은 듯하다. 이 단어가 분명하게 나온 사료는 투드할리야 4세의 에미르가지 제단에 새겨진 루비어 상형문자다. 아나톨리아 상형문자 해독 전문가인 호킨스는 '사르파'를 에미르가지 인근의 아르사마산山일 것으로 추정했는데, 투드할리야는 šarpa산의 산신을 수호신으로 여긴 것으로 추정되지만, 선물목록에 나온 사르파와 투드할리야 제단의 사르파는 관련성이 없는 듯하다. -감수자

주지 않을 수 있겠는가. 줄 것이다.

칼바야가 곧바로 내 사자와 함께 돌아온 것을 확인한다면 이 건에 관해 문서에 기록한 것을 나에게 넘겨주어야 한다. 지혜의 왕 나부 신, 문의 신 이슈타누쉬가 이 문서를 읽을 서기관을 가호하고 그대의 주변에서 그들이 손을 맞잡기를.

(※이하는 타르훈다라두가 이집트 측 서기관에게 보낸 본문 바깥쪽 기록)

서기관이여, 나에게 바르게 써서 보내라. 그대의 이름도 적어야 한다. 여기(※아르자와)에 보내는 문서는 항상 히타이트어로 써야 한다.

- 아마르나 서간 EA 32: EA31에 대한 타르훈다라두의 답장

북방의 카스카족과 서방의 아르자와 사이에 끼어 양쪽의 공격을 받다 보니 히타이트의 영토는 '붉은 강' 안쪽의 핵심 지역으로 대폭 축소되었을 것이다. 이렇게 히타이트 왕국은 기원전 14세기 전반에 멸망의 위기를 맞았다.

히타이트 중왕국 시대 지도(기원전 1500~기원전 1350년)

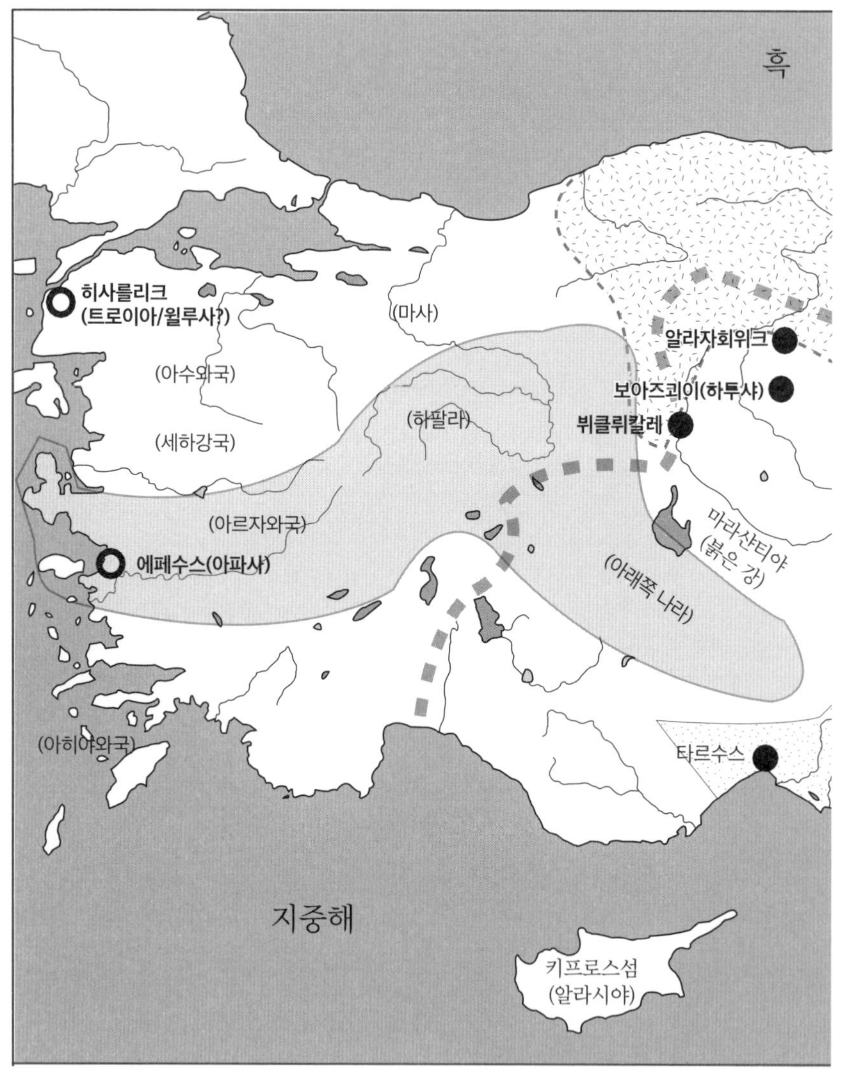

● 히타이트의 도시 유적
(괄호 안은 당시 명칭)

○ 같은 시기의 유적

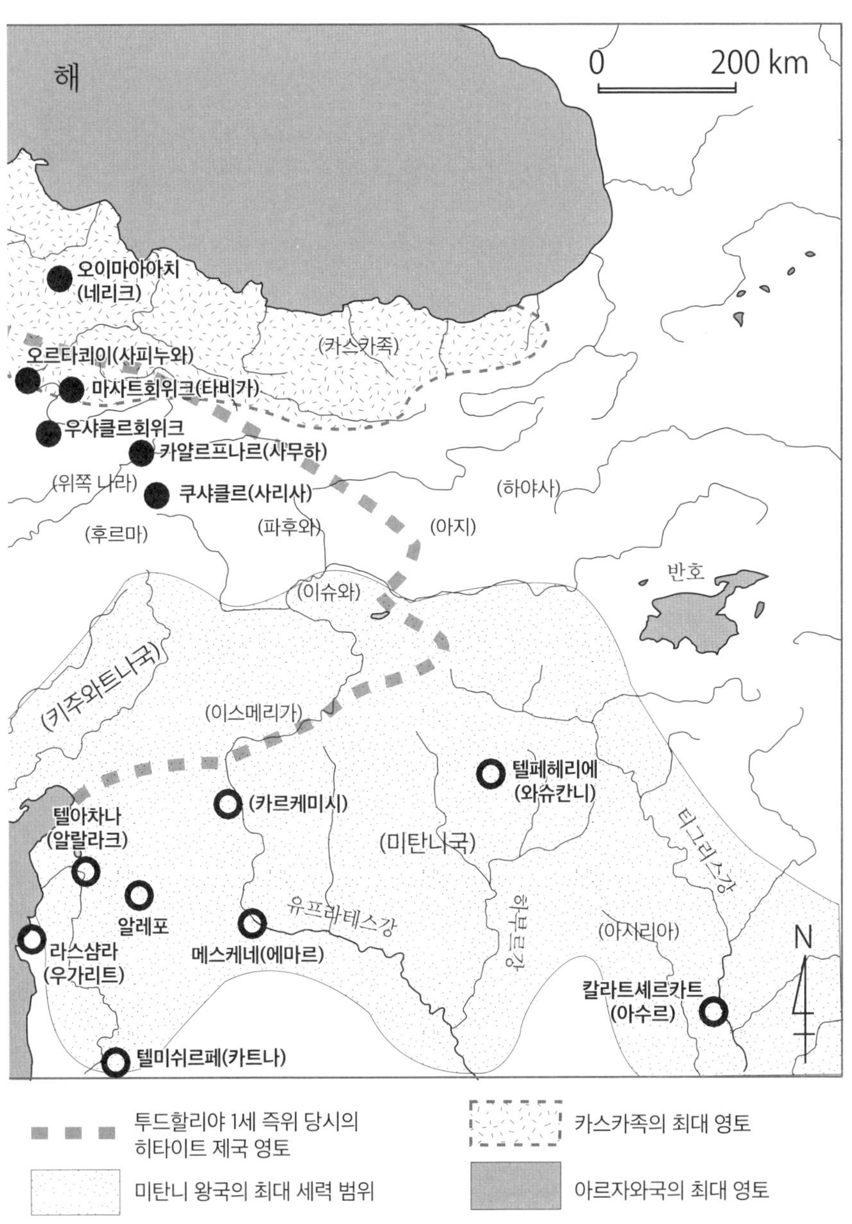
해
0
200 km
오이마아아치
(네리크)
(카스카족)
오르타쾨이(사피누와)
마사트회위크(타비가)
우샤클르회위크
카얄르프나르(사무하)
(위쪽 나라)
쿠샤클르(사리사)
(하야사)
(후르마)
(파후와)
(아지)
반호
(이슈와)
(키주와트나국)
(이스메리가)
텔페헤리에
(와슈칸니)
(카르케미시)
텔아차나
(알랄라크)
(미탄니국)
티그리스강
알레포
유프라테스강
하부르강
(아시리아)
라스샴라
(우가리트)
메스케네(에마르)
N
칼라트셰르카트
(아수르)
텔미쉬르페(카트나)
투드할리야 1세 즉위 당시의
히타이트 제국 영토
카스카족의 최대 영토
미탄니 왕국의 최대 세력 범위
아르자와국의 최대 영토

제4장

히타이트 신왕국 시대, 제국으로 우뚝 선 히타이트

아나톨리아의 패권을 되찾은 수필룰리우마 1세

위기에 빠진 히타이트 왕국을 다시 일으켜 고대 오리엔트의 대국으로 만든 사람은 투드할리야 2세의 아들 수필룰리우마 1세다. 앞서 말한 대로 시대 구분 기준에 이론이 있지만, 수필룰리우마 1세가 즉위한 기원전 14세기 중반 이후를 히타이트 제국기(또는 신왕국 시대)라고 하며, 이 시기에는 문자 사료도 가장 많이 남아 있어 사건의 연대까지 상세히 밝혀져 있다. 제국기의 역대 왕은 전부 수필룰리우마 1세의 자손이다.

수필룰리우마는 병약한 아버지 투드할리야 2세를 대신하여 군대를 지휘한 유능한 무장이었다. 그는 사무하 마을(현재 카얄르프나르 유적으로 추정)을 제2의 수도로 삼아 카스카의 9개 부족을 정복하고 황폐한 땅에 백성을 이주시켰다. 그리고 자원하여 서쪽 나라 아르자와와 싸우기도 했다.

그러나 아버지 투드할리야 2세가 사망한 후 왕위를 이어받은 왕자는 형제인 투드할리야 3세였다. 수필룰리우마는 처음에는 왕에게 복종했지만 자신의 능력을 감출 수 없었는지 결국 형제를 죽이고 왕위에 올랐다. 수필룰리우마의 아들 무르실리 2세가 그렇게 기록했으니 사실일 것이다. 수필룰리우마는 이때 다른 형제들까지 모두 죽였지만 근위대장이었던 지단타는 살려두었다. 같은 배에서 난 형제였기 때문일 것이다.

수필룰리우마 즉위 당시 히타이트 제국은 북쪽의 카스카족, 서쪽의 아르자와, 남쪽의 미탄니 등 강대국에 둘러싸인 채 멸망의 위기에 놓여 있었다. 그러나 본인이 기록으로 남겼듯, 수필룰리우마가 '20년에 걸쳐' 아나톨리아의 패권을 탈환했다. 우선 서쪽에서 아르자와를 공격해 기세를 꺾어놓았고, 미탄니에서 망명한 왕자 마스훨루와에게 딸 무와티를 시집보낸 후 사위의 복위를 도왔다. 또 북쪽의 카스카족을 진압하고 수도 하투샤의 방위를 다졌으며, 하야사와 연합국이었던 동쪽의 아지국 군주 후칸나에게도 여자 형제를 시집보내 적대국인 하야사를 압박했다.

수필룰리우마는 건국 이래 숙원이었던 시리아 정복에 특히 힘을 쏟았다. 최초 원정 때는 니블라니산 전투에서 미탄니 왕 투슈라타에게 패했지만 이후 미탄니에서 왕위를 둘러싼 내분이 발생하여 전세가 역전되었다. 미탄니도 오랫동안 시리아를 두고 경쟁했던 이집트와 평화 조약을 체결해가며 히타이트에 맞서려 했으나 오랜 속국인 아시리아가 독립한 후 더 약해졌다.

이 틈에 수필룰리우마는 시리아로 1년에 걸친 장기 원정을 떠났다. 히타이트의 대왕은 매해 제례를 주최하는 중요한 역할을 맡았으므로 1년짜리 원정은 극히 이례적이었다. 수필룰리우마는 우선 유프라테스강 상류에 있었던 미탄니의 속국 이슈와를 정복하고 미탄니의 수도 와슈칸니(소재지 미상)를 포위했다.

그러나 미탄니 왕 투슈라타가 성에 틀어박힌 채 응전하지 않았으므로 목표를 바꿔 시리아 북서부를 공격했다. 그 결과 미탄니의 속국이었던 우가리트와 무키스를 정복하고 카트나를 약탈했으며 카데시를 파괴한 후 다마스쿠스 근처까지 진격했다. 그러나 제례가 발목을 잡아, 키주와트나의 대신관이자 아들인 텔레피누에게 뒷일을 맡기고 이 '1년 전쟁'을 종료했다.

시리아 원정 중에 빈틈을 노린 북쪽의 카스카족이 움직이기 시작했으나 수필룰리우마가 원정하여 진압했다. 남쪽에서도 미탄니가 이집트와 손잡고 반격에 나서 이집트가 카데시를 탈환하는 사태가 일어났지만, 때마침 미탄니에서 왕가 내분이 일어나 왕 투슈라타가 살해되자 수필룰리우마가 미탄니의 왕자인 사티와자의 지원 요청에 응해 내분에 개입했다. 그리고 군을 투입하여 사티와자의 즉위를 도움으로써 미탄니를 속국화하고 시리아의 카르케미시까지 포위했다.

수필룰리우마 1세 원정도(기원전 1350~기원전 1322년경)

※ 지명의 위치는 대부분 추정이며 확정이 아님

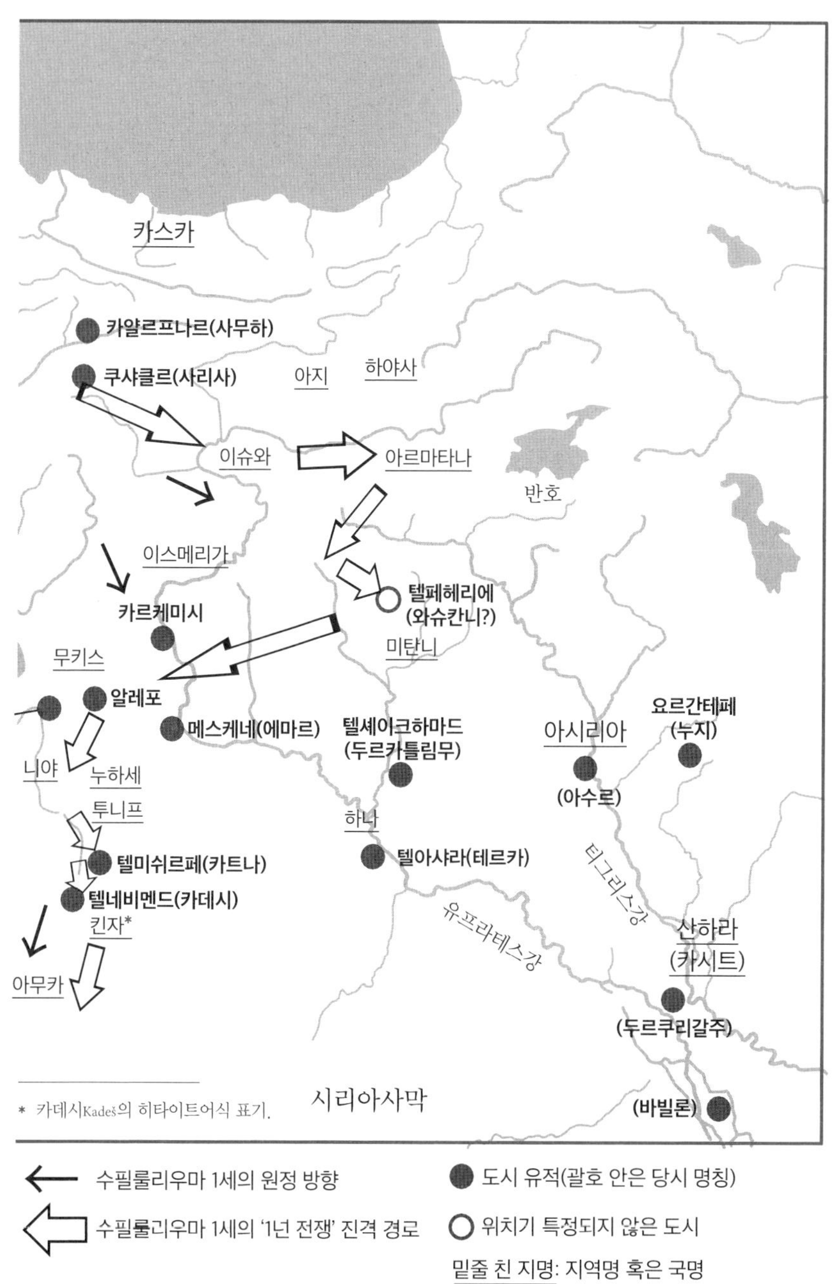
카스카
카얄르프나르(사무하)
쿠샤클르(사리사)
아지
하야사
이슈와
아르마타나
반호
이스메리가
텔페헤리에
(와슈칸니?)
카르케미시
미탄니
무키스
알레포
메스케네(에마르)
텔셰이크하마드
(두르카틀림무)
아시리아
요르간테페
(누지)
니야
누하세
(아수르)
투니프
하나
텔미쉬르페(카트나)
텔아샤라(테르카)
티그리스강
텔네비멘드(카데시)
킨자*
유프라테스강
산하라
(카시트)
아무카
(두르쿠리갈주)
* 카데시Kadeš의 히타이트어식 표기.
시리아사막
(바빌론)
수필룰리우마 1세의 원정 방향
도시 유적(괄호 안은 당시 명칭)
수필룰리우마 1세의 '1년 전쟁' 진격 경로
위치가 특정되지 않은 도시
밑줄 친 지명: 지역명 혹은 국명

히타이트는 원래 이집트와 적대 관계가 아니었으나 앞서 언급한 '아마르나 서간'을 보면 세력이 커진 수필룰리우마가 이집트에 서서히 대적하기 시작한 것을 알 수 있다.

> 태양, 대왕, 하티 왕 수필룰리우마는 내 형제 이집트 왕 후리야*에게 이렇게 말한다. (※ 인사말 중략)
>
> 내가 그대의 아비에게 보낸 사자도, 그대의 아비가 나에게 표현한 소원도 '우리 사이에 우호 관계를 구축하자'라는 것이었다. 나는 그대의 아비가 요구한 것을 모두 행했고 그대의 아비는 내가 말한 소원 전부를 소홀히 하지 않고 들어주었다.
>
> 내 형제여, 그대의 아비가 생전에 나에게 준 선물을 왜 보류하는가? 내 형제여, 그대는 그대 아비의 옥좌를 잇고 나는 양자 사이에 평화가 유지되기를 바란다. 그래서 우리는 우호적이어야만 한다. 그대의 아비에게 보낸 것을 형제에게도 보낼 것이다. 서로 돕지 않겠는가.
>
> 내 형제여, 내가 그대의 아비에게 바란 것을 보류하지 마라. 즉, 금으로 된 상 2개, 하나는 입상, 하나는 좌상이다. 그리고 내 형제여, 은으로 된 여성상 2개, 큰 청금석 덩어리, 그리고 …를 위한 큰 받침을 내게 보내라. … (결락) …
>
> 만약 형제가 그것을 주기를 바란다면 형제에게 그것을 주게 하라. 만약 형

* 파라오인 아크나텐Akhenaten의 다른 이름으로 추정된다.

제가 그것을 주지 않는다면 내 전차는 … (결락) … 준비가 되어 있다. … (결락) … 아마 옷(huzzi), 나는 그것을 내 형제에게 보낼 것이다. 내 형제여, 무엇이든 바라는 것을 써서 보내도록 하라.

나는 다음과 같이 그대에게 사례품을 보낸다. 사슴 모양의 은 각배角杯 1개(5미나), 어린 양 모양의 은 각배(3미나), 은판 2장(10미나), 나무 모양의 큰 식물(nikiptu)*.

-아마르나 서간 EA 41: 수필룰리우마 1세가 투탕카멘? 에게 보낸 편지

(앞부분 결락) … (인사말 중략) … (결락)

…그대가 보낸 문서에서 왜 그대의 이름을 내 이름 위에 두었는가? 우리 사이의 좋은 관계에 반대하는 것은 누구이며 이것은 허용되는 행동인가? 내 형제여, 그대는 평화를 바라고 서간을 보낸 것이 아닌가? 그리고 만약 (그대가 내 형제라면) 자기 이름을 높이는 한편 나를 깔보는 것인가? 나는 … 의 이름을 … 그러나 그대의 이름은 … 나는 지울 것이다 …

-아마르나 서간 EA 42: 수필룰리우마가 이집트 왕에게 보낸 편지

* nikiptu, 니킵투는 민간 치료에서 사용하는 기름oil을 추출한 식물을 말한다. 따라서 나무만큼이나 큰 니킵투가 있어야 민간 치료용 오일을 많이 뽑아낼 수 있으므로 '나무 모양의 큰' 니킵투라고 한 것으로 보인다. -감수자

투탕카멘의 아내가 보낸 놀라운 제안

카르케미시를 포위한 수필룰리우마의 진영에 적대 관계인 이집트의 왕비 다하문즈(안케세나멘과 동일인으로 추정됨)의 사자라는 사람이 찾아왔다. 그가 가져온 편지에는 '남편 니푸리아(미도굴 묘가 발굴되어 유명해진 이집트 제18왕조의 파라오 투탕카멘을 가리키는 것으로 추정됨)가 죽었으니 내 새로운 남편으로 수필룰리우마의 아들 중 하나를 보내준다면 그를 이집트의 다음 왕으로 삼겠다'라는 놀라운 제안이 담겨 있었다. 수필룰리우마는 그 내용을 믿기 어려워 재상인 하투샤지티를 이집트로 파견하여 사실을 확인하게 했다. 이집트 왕 투탕카멘이 기원전 1323년경에 사망했다고 하므로 이 사건도 그 직후에 일어났을 것이다.

그 사이 수필룰리우마는 카르케미시를 정복하고 아들 사리쿠수흐를 감독관으로 임명했다. 그리고 알레포를 감독하러 보낸 아들 텔레피누와 함께 시리아 전체를 지배하도록 했다. 그들은 우가리트와 아무루 등 속국을 감시하고 감독하게 됐다. 그 후 사리쿠수흐의 자손은 대대로 카르케미시의 부왕으로서 속국 시리아를 지배하게 된다.

단, 히타이트는 속국과 조약을 맺고 일정한 독립성을 인정하는 간접 지배에 머물렀다. 이집트가 시리아와 팔레스타인에 총독을 파견하고 그곳 젊은이들을 이집트로 데려와 교육받게 하는 등 속국을 부분적으로나마 직접 지배하려 한 것과는 대조적이다.

투탕카멘의 황금 가면

이듬해 봄이 되자 재상 하투샤지티가 이집트 사자 하니와 함께 아래와 같은 다하문즈의 편지를 가지고 돌아왔다. 그 편지에서 다하문즈는 자신을 신용하지 않는 수필룰리우마를 원망하며 이집트 왕이 될 왕자를 요청한 나라는 히타이트가 유일하다는 사실을 강조했다.

왜 내가 당신을 속인다고 생각합니까? 나에게 아들이 있었다면 왜 아들 이야기를 꺼내서 외국에 내 나라의 수치를 말하겠습니까? 당신은 나를 믿지 않아서 그렇게 말했군요! 내 남편은 죽었습니다. 그러나 신하를 남편으로 삼는 일 따위는 없습니다. 나는 당신에게만 편지를 썼습니다. 당신에게는

'수필룰리우마의 업적' 문서
_이스탄불 고고학 박물관

아들이 많다고 들었습니다. 그러니 당신의 아들 한 명을 나에게 보내주세요. 그가 내 남편이자 이집트의 왕이 될 것입니다!

-다하문즈가 수필룰리우마에게 보낸 편지: '수필룰리우마의 업적*'에서

우리 주군(수필룰리우마)이여, 이것은 우리나라의 수치입니다. 만약 왕에게 아들이 있었다면 외국에 우리나라 군주를 보내달라고 부탁할 일이 있었겠습니까? 우리 왕이었던 니푸리야는 죽었습니다. 그에게는 아들이 없습니다. 왕비는 독신입니다. 우리는 이집트 왕으로서 당신의 아들을 바라고 있습니다. 우리 주군인 여성의 남편이 될 사람입니다. 우리는 다른 나라

* 수필룰리우마의 업적이 적힌 점토판. 아들 무르실리가 수필룰리우마 사후에 작성한 것으로 알려져 있다.

에 가지도 않고 이곳에만 왔습니다. 그러면 우리에게 우리 주군의 왕자를 보내주시기를!

-수필룰리우마에게 이집트 사자 하니가 한 말: '수필룰리우마의 업적'에서

그제야 다하문즈의 말을 믿게 된 수필룰리우마는 아들 잔난자를 이집트로 보냈지만, 처음에 염려한 대로 아들은 살해당하고 새로운 왕 아이가 즉위했다.

격노한 수필룰리우마는 후계자인 왕자 아르누완다와 함께 이집트의 영토인 시리아를 공격하여 승리를 거두었다. 그러나 이때 끌고 온 이집트 포로들이 히타이트 국내에 전염병을 퍼뜨린 탓에 오히려 목숨을 잃고 말았다. 심지어 자신의 뒤를 이어 왕이 된 아르누완다 2세까지 병사했다.

전염병의 유행으로 고통받은 젊은 왕

죽은 아르누완다 2세의 뒤를 이어 왕위에 오른 사람은 동생인 무르실리 2세였다. 그는 역대 히타이트 왕 중에서 업적이 가장 상세히 기록되어 있어서 일종의 인간미까지 느껴지는 인물이다. 발견된 문서에는 그의 즉위 후 대략 20년간의 업적뿐만 아니라 즉위 10년째에 개기일식이 있었던 사실도 기록되어 있다. 동시대 이집트, 메소포타미아 왕들의 재위 시기와 개기일식이 기원전 1312년 6월에

히타이트 제국기 전반(기원전 1320~기원전 1260년경) 지도

※ 지명의 위치는 대부분 추정이며 확정이 아님

히타이트 제국기 전반의 최대 세력 범위

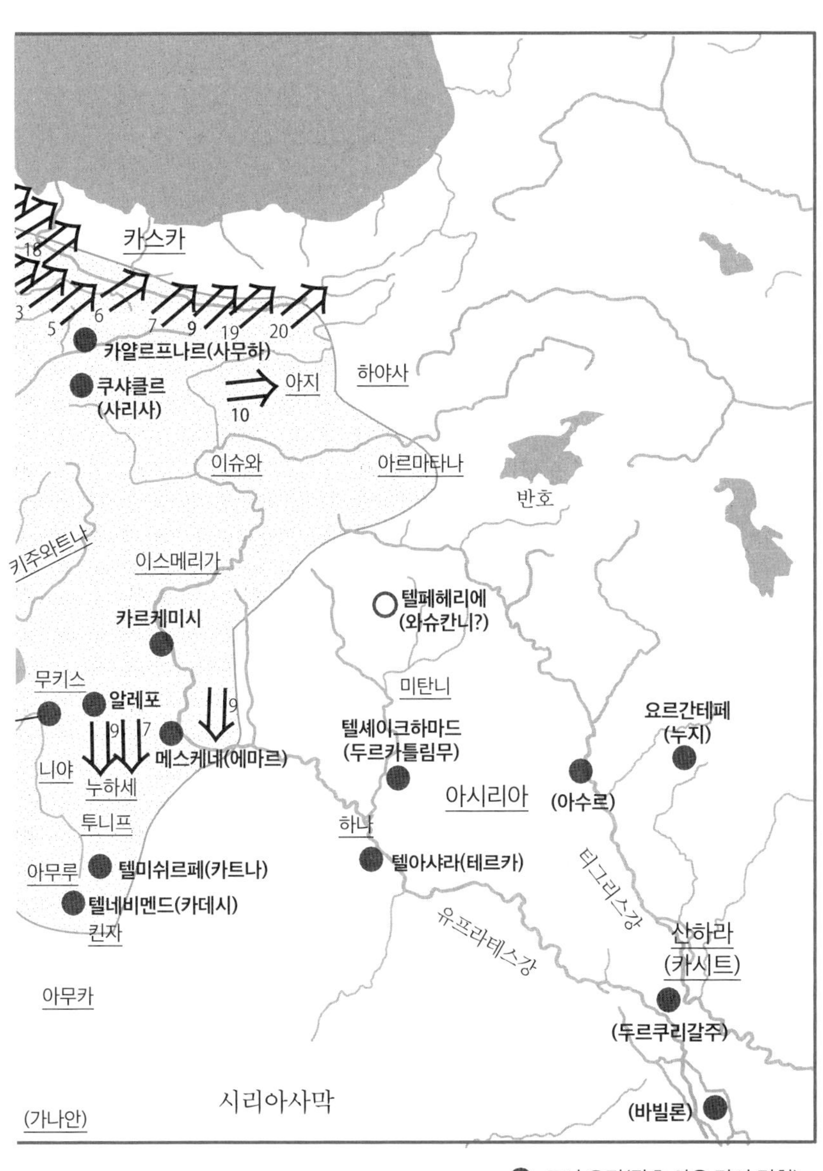

⇐ 무르실리 2세의 원정
(옆의 숫자는 시기, 재위 연차 기준)

● 도시 유적(괄호 안은 당시 명칭)

○ 위치가 밝혀지지 않은 도시

밑줄 친 지명: 지역명 혹은 국명

△ 히타이트의 마애 비문

있었다는 천문학 데이터를 참고하면 무르실리가 즉위한 해는 기원전 1322년일 것이다.

또 무르실리는 자신에게 언어 장애가 있다는 사실을 기록했으며, 나중에 언급할 계모의 저주를 그 원인으로 꼽았다.

주변국들은 제왕 교육을 못 받은 데다 경험도 부족한 젊은 왕 무르실리를 무시했다고 한다. 카스카족과 시리아의 속국들은 금세 무르실리에게 반기를 들었다.

> 형 아르누완다가 신이 되었을(※죽었을) 때 지금까지 적대적이지 않았던 나라들도 우리나라에 맞서기 시작했다. 적국은 이렇게 말했다. "하티의 왕이었던 그(※무르실리 2세)의 아버지(※수필룰리우마 1세)는 왕이자 영웅으로서 적국을 쳐부수었다. 이제 그는 신이 되었다. 그 왕위를 이은 아들(※아르누완다 2세)도 젊어서 영웅이었으나 병이 들어 신이 되었다. 지금 아버지의 왕위에 오른 자(※무르실리 2세)는 아직 어려서 하티국과 하티국의 국경을 지킬 수 없을 것이다!"
>
> -'무르실리의 10년 기록'에서

무르실리 2세는 아버지 수필룰리우마가 아린나의 태양 여신에게 제사를 제대로 지내지 않아서 자신이 궁지에 몰렸다고 생각하여, 7일 밤을 꼬박 지새우며 쉬지 않고 기도했다고 한다.

그러는 한편, 즉위 이후 매해 북쪽의 카스카족을 토벌했고 즉위 3

중앙에 보이는 아야솔루크 언덕 위에 무르실리가 정복한 아파사(에페수스)가 있었을 것이다. 사진 앞쪽에 '세계 7대 불가사의'로 꼽혔던 아르테미스 신전의 흔적이 있다.

년째에는 서쪽 아르자와의 수도 아파사(훗날의 에페수스)를 정복하여 서쪽 나라들을 히타이트로 편입시켰다(그래서 제국 영내의 루비인 비율이 더 높아지게 되었음). 그 후에도 주로 카스카족을 토벌하는 동시에 이집트와 싸워서 시리아에서 세력을 키우던 아시리아에 대항했으며 동쪽에서는 모반을 일으킨 속국의 왕을 진압하는 등 거의 매해 원정에 나섰다.

참고로, 무르실리 2세가 즉위 15년째에 카스카족과 싸울 때 새를 가지고 점을 쳐서 적의 복병을 알아내 승리했다는 기록이 있다.

외교와 군사 면에서는 이처럼 눈부신 성과를 올린 반면, 국내에

'무르실리 2세의
전염병 종식 기도' 문서
_이스탄불 고고학 박물관

서는 아버지 수필룰리우마의 만년에 시작된 전염병이 20년 이상 맹위를 떨친 탓에 인구가 계속 감소했다. 따라서 무르실리에게 전쟁은 적지에서 주민을 포로로 잡아 부족한 노동력을 메우는 수단이기도 했을 것이다.

> 잔난자가 살해당한 후 내 아버지(※수필룰리우마 1세)가 이집트 국경에서 싸워 이집트 포로를 하티로 데려오면서 전염병도 함께 가져왔다. 그날부터 하티에 수많은 죽음이 이어졌다. 나(※무르실리 2세)에게는 그 죄가 없다. 지금까지 전염병은 미쳐 날뛰고 있다. 내가 아버지의 죄업을 져야 하는가? 그러자 기후 신이 꿈에 나타나 나에게 희생 제사를 지내라고 말했다.
>
> -'무르실리 2세의 전염병 종식 기도' 문서

무르실리는 전염병의 원인을 신탁으로 듣고(신탁에서는 아버지가 형제를 살해하는 등 악행을 저질렀기 때문에 전염병이 창궐했다고 함) 신들에게 용서를 구하며 공물을 바쳤으나 당장 눈에 띄는 효과가 나타나지는 않았다. 그래서 '죄 없는 나를 왜 괴롭히는가'라고 신들에게 다시 물었다. 이 '전염병 종식 기도'가 문서로 남아 있다. 당시 사람들은 왕이 신에게 저지른 잘못 때문에 나라에 재앙이 찾아온다고 믿었으므로 무르실리의 고민은 더욱 깊었을 것이다.

무르실리는 가정에서도 불화를 겪어, 즉위 10년째에 계모 말니갈(바빌로니아 왕녀 출신)을 대신관의 지위에서 추방했다. 죄목은 횡령 및 타국의 의례 유입, 전년에 죽은 왕비 가슐라위야와 자신을 저주한 죄 등이었다.

히타이트의 관점에서 본 카데시 전투

대략 25년간 재위한 무르실리 2세의 뒤를 이어 아들 무와탈리 2세가 즉위했다. 당시 이집트는 제18왕조에서 제19왕조로 넘어가면서 시리아로의 진출을 다시 강화하기 시작했으므로 히타이트와의 격돌이 불가피했다. 무와탈리는 유능한 동생 하투실리를 군사령관 및 '위쪽 나라'의 지사로 임명하여 카스카족 및 이집트에 맞서 항쟁을 펼쳤다.

히타이트 제국 전기의 왕 계보

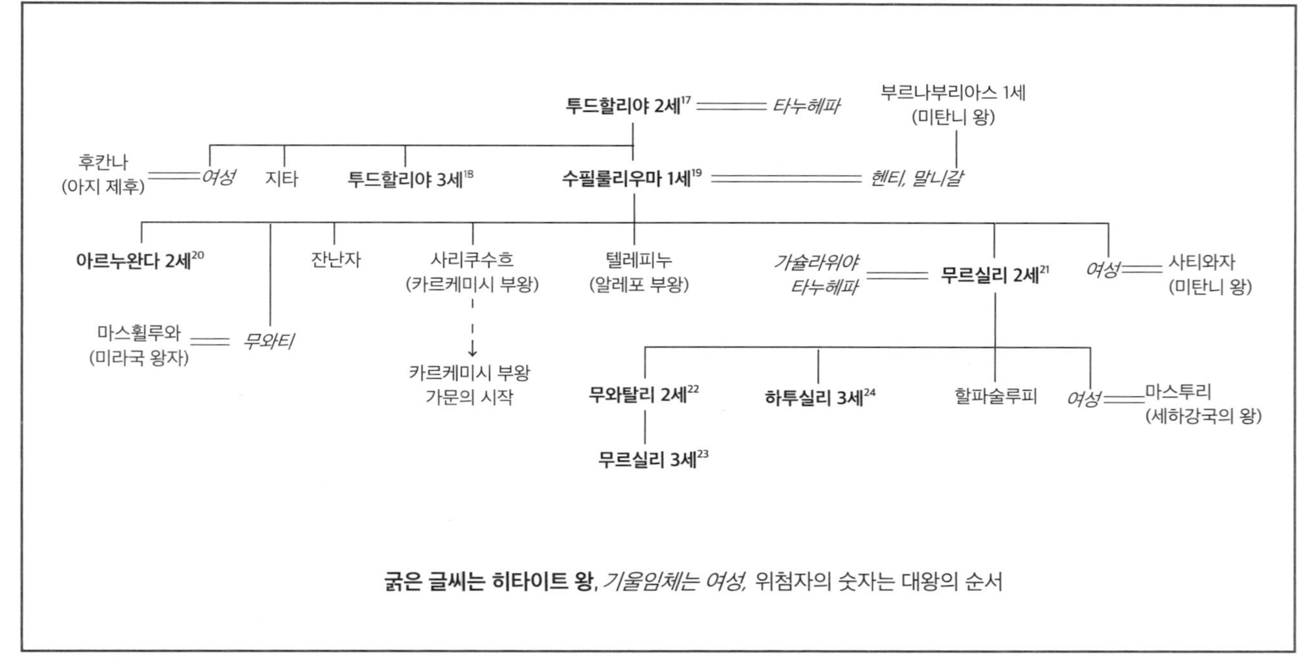

이집트에서 젊은 왕 람세스 2세가 즉위하자 지역의 긴장도가 급격히 높아졌고, 결국 람세스 2세 재위 5년째인 기원전 1274년 4월경, 영토 분쟁이 이어졌던 시리아의 카데시에서 람세스가 이끄는 이집트군과 무와탈리가 이끄는 히타이트군이 격돌했다.

람세스 2세가 남긴 기록에 따르면 히타이트는 보병 3만 7,000명, 전차 3,500대(한 대에 병사 30명 탑승), 합계 4만 7,500명 규모의 대군을 동원했다고 한다. 수치는 과장되었을지 모르지만, 히타이트군에는 시리아 등 속국의 군대까지 포함되어 있었을 테니 전례 없는 대군이기는 했을 것이다.

람세스 2세의 비문에는 '히타이트군의 계략으로 이집트군이 궁지에 몰렸지만 람세스의 활약으로 위기가 해소되어 이집트군이 대승했다'라고 적혀 있다. 실제 결과는 무승부에 가까웠지만, 이후 카데시가 히타이트 영토가 된 것을 보면 전략적으로는 히타이트가 승리한 셈이었다.

람세스 2세는 이집트 국내의 신전에 자신의 업적과 승리를 선전하는 큰 벽화를 그려 이 전쟁을 기록했다. 두 나라를 합쳐 수만의 대군이 격돌할 만큼 규모가 큰 전쟁은 고대 세계에서도 전례가 없었다.

한편, 히타이트 측에서는 후대 왕이 간단하게 이 전쟁의 승리를 언급한 사료가 출토되었을 뿐이다. 무와탈리가 재위 중에 수도를 하투샤에서 타르훈타사로 옮겼는데, 그 새로운 수도가 어디에 있었

아부심벨 신전에 새겨진 이집트와 히타이트간의 카데시 전투 장면

는지 아직 밝혀지지 않았다. 해당 시대의 기록이 거의 출토되지 않은 탓이다. 나중에 타르훈타사 유적 내 문서 창고의 흔적이 발견된다면 히타이트의 시각으로 본 카데시 전투의 경위를 밝힐 수 있겠지만, 지금은 거의 전적으로 이집트 측의 사료에 의존하는 수밖에 없다.

> 내 형 무와탈리는 이집트 및 아무루의 왕과 싸웠으므로 이집트 왕과 아무루 왕을 쓰러뜨린 후 아바(※다마스쿠스 근처)로 돌아왔다. 내 형 무와탈리가 아바를 쳐부순 후 … 하티로 돌아왔지만 나(※하투실리 3세)를 아바에 남겼다.
>
> - KUB XXI 17: 하투실리 3세의 편지

> 우리 태양(※투드할리야 4세 자신을 일컫는 말)의 아버지의 형인 무와탈리가 즉위했을 때 아무루의 백성은 맹세를 깨고 이렇게 말했다. "자유민이었다가 속국의 백성이 되었다. 그러나 우리나라는 이제 당신의 속국이 아니다." 그러다 이집트 왕의 종이 되었다. 그 후 우리 태양의 아버지의 형인 무와탈리와 이집트 왕은 아무루 백성을 놓고 싸웠다. 무와탈리는 이집트 왕을 이기고 아무루 땅을 무기로 파괴하여 자신에게 복종시켰다.
>
> - CTH 105: 투드할리야 4세와 아무루 왕 샤우슈가무와의 조약 문서

또, 무와탈리는 아나톨리아 북서부 윌루사와 윌루사의 왕 알락샨두를 히타이트에 종속시키는 조약을 체결했다. 윌루사란 호메로스

서사시 《일리아스》로 유명한 일리오스(트로이아의 별명)이고 알락산두는 알렉산드로스('일리오스'에 등장하는 트로이아 왕자 파리스의 별명)라고 주장하는 사람도 있다. 하지만 에게해 연안의 히타이트 영토는 무와탈리의 만년에 바다 건너 아히야와(미케네 문명)의 책동으로 점점 불안해지고 있었다.

무와탈리는 역대 히타이트 왕 중 최초로 석벽에 글자나 그림을 새기는 마애磨崖 비문을 남긴 왕이기도 하다. 아나톨리아 남부 고대 실리시아 지방에 시르켈리회위크 유적이 있는데, 그곳의 제이한강에 면한 바위에는 루비어 상형문자로 된 비문과 함께 왕권의 상징인 끝이 말린 지팡이를 든 무와탈리의 모습이 새겨져 있다. 이곳은 히타이트 본국에서 남방의 시리아로 가는 중요한 통로로 알려진 지점이었다.

제5장

히타이트 제국의 멸망, 정상에서 추락하다

숙부에게 왕위를 빼앗긴 무르실리 3세

무와탈리 2세의 왕위를 어린 무르실리 3세가 이어받았다. 그는 이후 왕들의 문서에서는 '무르실리'가 아니라 후르리어 이름인 우르히테숩으로만 불리는데, 후르리어 이름이 본명이고 무르실리는 즉위명이었다는 설도 있고, 나중에 왕위를 찬탈당해서 이후 왕들이 일부러 즉위명을 부르지 않았다는 설도 있다. 무르실리 3세의 왕위를 빼앗은 사람은 아버지 무와탈리의 동생이자 무르실리의 숙부였던 하투실리 3세다.

아버지와 공동으로 날인한 문서가 발견된 것을 보면 무르실리는 아버지가 살아 있을 때부터 나라를 공동으로 통치한 듯하다. 그러나 아버지가 죽고 왕위를 이어받은 후에도 나이가 아직 어렸으므로 유능한 숙부 히투실리의 보필을 받았다. 무르실리가 왕으로서 제일

히타이트 제국 말기의 히타이트 왕 계보

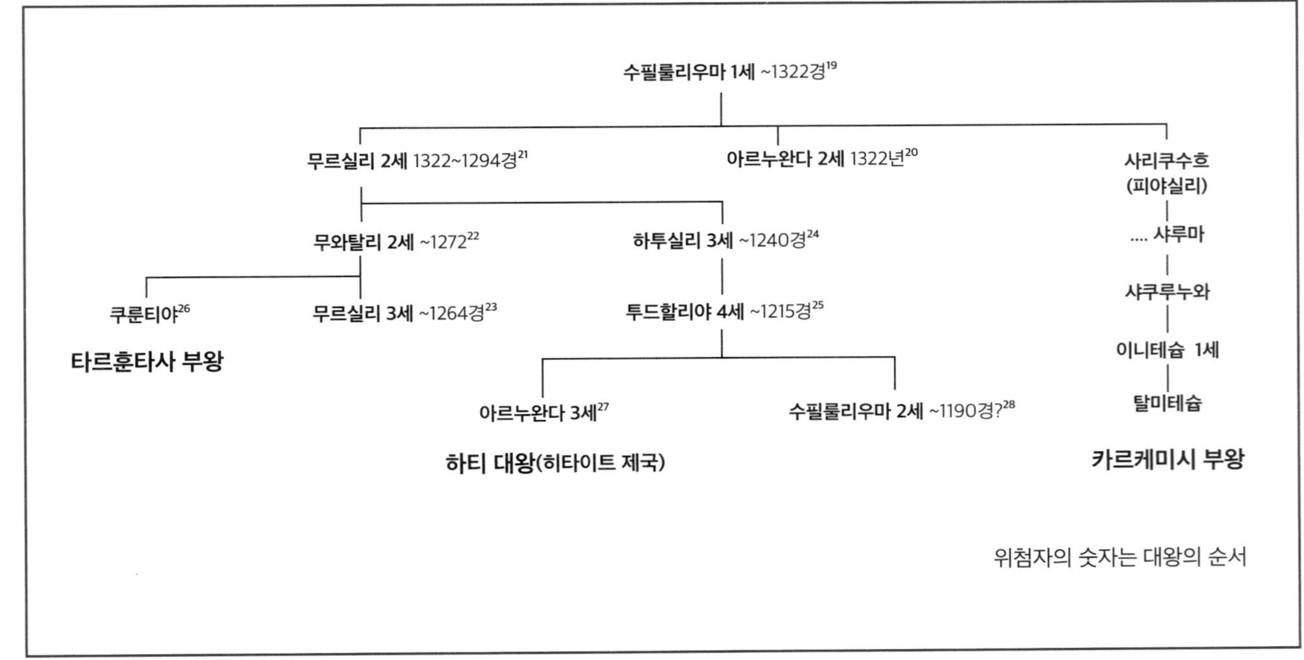

무르실리 3세의 인장
_이스탄불 공항 박물관

먼저 실행한 일은 아버지가 타르훈타사로 옮긴 수도를 전통적인 수도인 하투샤로 되돌리는 것이었다. 이유는 명확하게 밝혀지지 않았지만 아마 시리아의 정세를 안정시키고 종교적 보수 세력과 타협하려는 의도였을 것으로 추측된다.

이 시기에 미탄니로부터 독립한 아시리아는 히타이트의 지배국이었다가 속국으로 변해버린 미탄니의 영토를 잠식하며 세력을 늘리고 있었다. 히타이트와 아시리아의 관계는 점점 적대적으로 변해갔다.

그대는 와사샤타(※미탄니의 왕 이름)를 정복한 일이나 후르리의 나라(※미탄니)에 관해서만 거듭 이야기한다. 그대가 무기로 내 종(※미탄니 왕)을 쳤지만, 그래서 대왕이 되기라도 했다는 말인가? 그대가 빈번히 입에 올리는

> '형제'란 무엇을 말하는가? … 어떤 이유가 있어 내가 그대에게 형제 따위로 불려야 하는가? 서로 편지를 주고받는 자는 누구나 형제라고 불러도 되는가? 그래서 내가 그대에게 형제라고 불려야 하는가? 우리가 같은 모친에게서 태어나기라도 했는가? 내 아버지나 조부가 아수르 왕에게 형제 따위로 불리지 않았다면 그대도 나에게 '형제여' 또는 '대왕에게서'라고 써서는 안 된다!
>
> - KUB XXIII 102: 아시리아 왕 아다드니라리 1세에게 보낸 편지

이 편지는 무르실리가 아닌 그의 아버지 무와탈리 2세가 쓴 것이라고도 하는데, 어쨌든 세력이 커져서 거만해진 아시리아 왕에 대한 초조함이 적나라하게 드러나 있다. '내 형제'란 당시 대국의 왕이 서로를 부르는 전형적인 호칭이다. 그런데 예전에는 자신의 속국의 속국이었던 아시리아의 왕이 자신을 '내 형제'라고 부른 데 화가 나서 '어머니가 같지도 않은데 왜 형제라고 부르느냐'며 반발하는 모습을 보이고 있다.

숙부 하투실리는 머잖아 무르실리에게 반기를 들었다. 하투실리는 자신이 무르실리를 '7년간 섬겼다'라고 말하며, 이처럼 오랫동안 공로를 쌓았는데도 무르실리가 자신을 합키스와 네리크(오이마아아치 유적으로 추정)의 군주 자리에서 쫓아낸 데다 평소에 '아린나의 태양 여신'을 섬기는 데 소홀했으므로 '적자가 아닌' 무르실리에게 반역할 수밖에 없었다고 반기를 든 이유를 설명했다. '하투실리 3세의

'하투실리 3세의 변명' 문서
_이스탄불 고고학 박물관

변명'이라는 편지에 하투실리가 남긴 일방적인 주장이므로 실제와는 다를 수 있지만, 나라를 양분하는 싸움이 벌어진 이때 속국과 유력 귀족 대부분이 하투실리의 편을 든 것은 명백한 사실이다. 열세에 몰린 무르실리는 수도를 버리고 제2의 도시 사무하(카얄르프나르 유적으로 추정)로 도망쳤다. 그러나 사무하 시민들이 무르실리의 목을 내주겠다며 하투실리에게 항복했다고 한다. 하투실리는 이 제안을 거절했지만 무르실리는 어쩔 수 없이 퇴위하여 시리아 북부의 속국 누하세로 망명했다.

그래도 무르실리는 포기하지 않고 아히야와 왕국(그리스의 미케네 문명 시기)과 바빌로니아의 지원을 받으며 반격을 꾀하다가 결국 '바다 저편' 키프로스섬까지 도망친 것으로 추정된다. 그리고 람세스

히타이트 제국 말기 지도

흑
히사를리크
(트로이아/윌루사?)
알라자회위크
야즐르카야
보아즈쾨이
(하투샤)
갸우르칼레
베이쾨이
악프나르
세하강국
카라벨
얄부르트
미라국
쾨이뤼톨루
에플라툰프나르
수라트카야
하팁
에미르가지
파슬라르
아히야와국
루카국
타르훈타사 부왕국
지중해
알라시야국
히타이트 제국의 도시 유적
(괄호 안은 당시 명칭)

해
오이마아아치(네리크)
카스카
오르타쾨이(사피누와)
우샤클르회위크(지팔란다?)
카얄르프나르(사무하)
쿠샤클르(사리사)
카라쿠유
이맘쿨루
프락튼
한예리
타슈츠
키주와트나국
카르케미시 부왕국
니히리야?
시르켈리
예세메크
카르케미시
텔사비아비야드
텔아차나
텔바지
(바시루?)
중기 아시리아
라스샴라
(우가리트)
메스케네
(에마르)
텔셰이크하마드
(두르카틀림무)
우가리트국
누하세국
아무루국
N
0
200 km
기타 유적
비문
히타이트 제국 말기의 최대 영역
아시리아의 진출 범위
아시리아의 진출 방향

2세 치하의 제34년(기원전 1246년) 이집트에서 마지막으로 생존이 확인되었다. 무르실리의 아들들은 시리아에 망명해 있다가 나중에 하투실리 3세의 아들 투드할리야 4세와 화해했다고 한다.

왕위를 찬탈한 하투실리 3세는 어릴 때는 병약했지만 이슈타르 여신의 가호로 건강해져 이슈타르를 평생의 수호신으로 삼았다고 한다. 성장한 후에는 형인 무와탈리 2세를 잘 보필하며 근위대장과 군사령관으로 공을 세워(카데시 전투에도 종군) 합키스의 왕으로 임명된 후 '위쪽 나라'(북방)의 통치를 맡았다. 카스카족에게서 신성한 마을 네리크를 탈환하고 재건하기도 했다.

하투실리 3세는 왕비로 키주와트나의 신관 벤텝샤리의 딸 푸두헤파를 맞았다. 그런 사실로 보아 종교 세력과의 결속이 강했던 듯하다. 나중에 아내 푸두헤파와 아들 투드할리야를 사무하에 있는 이슈타르 신전의 신관으로 임명하기도 했다. 프락튼의 마애 비문에 하투실리와 푸두헤파의 모습이 새겨져 있는데, 두 사람이 같은 크기(오히려 푸두헤파가 큼)인 것을 보면 왕비의 권위가 상당했음을 알 수 있다.

하투실리는 조카인 무르실리 3세의 왕위를 빼앗았으면서도 왕의 동생 쿠룬티야는 타르훈타사의 왕으로 임명했다. 어린 쿠룬티야를 자신이 키웠기 때문일지도 모르지만, 어쨌든 이 조치로 무르실리 3세를 따르는 세력의 불만을 무마한 듯하다.

프락튼 마애 비문을 재현해놓은 복제품_카이세리 고고학 박물관. 왼쪽에서 두 번째가 하투실리, 오른쪽 끝이 푸두헤파다.

이집트와 세계 최초의 평화 조약을 맺다

하투실리의 최대 업적은 시리아를 사이에 두고 오랫동안 대립했던 이집트(람세스 2세)와 평화 조약을 맺고 정략결혼으로 결속을 강화한 것이다. 왕비 푸두헤파도 람세스와 따로 편지를 주고받으면서 두 대국의 관계 개선에 기여한 듯하다. 이처럼 하투실리가 이집트와 평화를 약속하는 '외교 혁명'에 도전한 것은 관계가 나빠진 남쪽 나라 아시리아, 서쪽 나라 아히야와라는 신흥 세력에 대항하기 위해서였을 것이다.

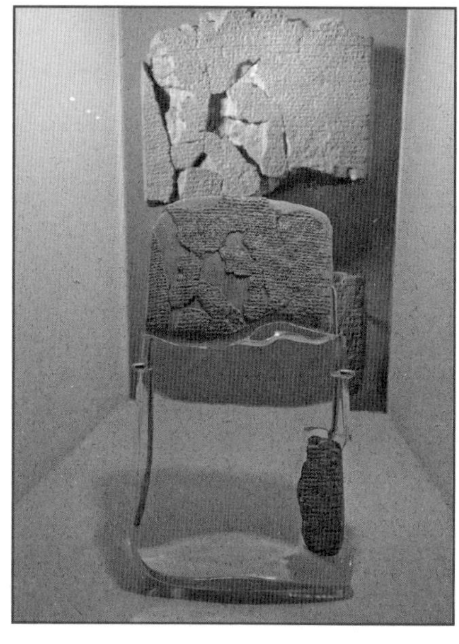

히타이트와 이집트의
평화 조약 문서
_이스탄불 고고학 박물관

이런 노력 덕분에 양국은 람세스 2세 제21년(기원전 1259년)* 10월에 평화 조약을 체결했다.

> 21년째 겨울 첫째 달의 스물한 번째 날(※태양력 10월 31일)에 람세스 2세가 즉위하셨다. 이날 폐하는 피람세스(※'람세스의 집'이라는 뜻)에 계시며 신의

* 히타이트와 이집트가 맺은 평화조약의 연도는 자료마다 차이가 있다. 이는 고고학자들이 표준 이집트 연대기(연표)를 달리 해석하거나 적용해서 생기는 현상이다. 학자들은 표준 이집트 연표, 역사적 사실, 성서 등 3자간 일치 여부를 놓고 연구해왔다. 그중 영국인 이집트 학자 데이비드 롤David M. Rohl을 비롯한 몇몇 학자들은 표준 이집트 연대기를 수정해야 한다고 주장하기도 했다. 카데시 전투가 일어난 해는 그간 기원전 1300년에서 기원전 1274년까지의 기간 중 무려 6개 연도가 주장되었다. 최근에는 카데시 전투가 일어난 해는 기원전 1275년 또는 기원전 1274년으로, 평화조약을 체결한 해는 기원전 1259년 또는 기원전 1258년으로 받아들여지고 있다. -감수자

기쁨이 되셨다 … 거기에 이집트 사자 세 명과 하티의 첫째 사자와 둘째 사자인 틸리테숩과 라모세*, 그리고 카르케미시(※히타이트의 속국 카르케미시 부왕)의 사자인 야푸실리가 있었다. 그들은 하티 왕 하투실리가 람세스 폐하에게 평화를 청하기 위해 파라오에게 보낸 은판을 가져왔다.

-카르나크 평화 조약 비문의 도입부

'은판'이란 조문을 새긴 은제 판을 말하는 것으로, 조약 이후 양국 수도의 정문에 걸려 있었던 듯하다. 또 이집트 측에서는 이 조문을 카르나크 신전 벽에 상형문자로 새겨놓았고, 히타이트 측에서는 점토판에 아카드어로 써서 보아즈쾨이에 보관했다. 이 점토판이 1906년에 보아즈쾨이를 본격적으로 발굴했을 때 출토되었다. 그런데 내용이 카르나크 신전의 비문과 같았으므로 그때까지 위치를 몰랐던 히타이트의 수도 하투샤가 보아즈쾨이 유적이었다는 사실이 밝혀졌다. 지금 이 은판의 진품은 이스탄불 고고학 박물관에 소장되어 있다. 뉴욕 국제연합 본회의장 밖 로비에 전시된 것은 복제품이다.

이집트 측과 히타이트 측의 조문이 미묘하게 다르긴 하지만, 어쨌든 여기에는 이전의 양국 관계를 돌아보고 두 왕(개인) 사이의 동맹과 상호불가침, 제삼자의 공격에 대한 대처를 약속하는 내용이 적혀 있다. 특이한 점은 하투실리의 아들이 히타이트 왕위를 이을

* 태양신Ra이 태어난다는 뜻의 이름. 람세스Ramesse, 파람세수Paramessu 등으로 변형되기도 한다.

람세스 2세의 비 나프테라(네페르타리의 다른 이름으로 추정됨)가 푸두헤파에게 보낸 편지 _아나톨리아 문명 박물관

것을 람세스가 보증했다는 사실인데, 왕위 찬탈의 그림자가 여기에도 드러난 셈이다.

그 외에도 양국은 이 조약으로 정치범과 망명자의 상호 인도, 대리 처벌 금지 등을 약속했고 마지막에는 조약을 준수하면 신에게 축복받고 조약을 어기면 저주받을 것을 맹세했다. 이 조약은 이전에 히타이트가 다른 국가나 속국과 맺은 조약의 형식을 답습하고 있지만 '세계 최초의 평화 조약'으로 널리 알려져 있다.

또 람세스 2세 제34년(기원전 1246년)에는 하투실리와 푸두헤파의 딸 사우수카누(이집트어 이름은 마아토르네페루레)가 당시 56세였던 람세스 2세의 왕비가 되었다.

> 나는 내 자매(푸두헤파)가 내게 보낸 편지를 읽고 하티의 여왕인 내 자매가 쓴 내용에 만족했다. … 대왕, 하티의 왕, 내 형제는 짐에게 이렇게 말했다. "사람들이여 오라, 내 딸의 머리에 기름을 부어라, 그리고 그녀는 대왕, 이집트 왕의 집으로 옮겨 갈 것이다." … 훌륭하다. 내 형제가 나에게 적어 보낸 결단은 얼마나 훌륭한가. 우리 두 대국은 영구히 하나가 될 것이다!
>
> - KUB III 63: 람세스가 푸두헤파에게 보낸 편지

이집트 아부심벨 신전의 부조에는 하투실리가 딸을 직접 람세스에게 데려가는 장면이 그려져 있지만 실제 장면은 아니다. 다만 두 대왕이 이집트 영토인 팔레스타인에서 회담하기로 했던 계획은 실제로 있었던 듯하다.

하투실리는 남쪽의 바빌로니아와도 자손의 왕위 계승을 서로 영원히 보증하는 우호 관계를 맺고 바빌로니아의 왕녀를 아들 투드할리야의 아내로 맞아들였다. 그뿐만 아니라 아시리아 왕과도 편지를 주고받았으며(하투실리가 아시리아 왕에게 나중에 소개할 '철제 선물'에 관한 편지를 보낸 것으로 추정됨) 위에서 말했듯 대국 이집트와도 혼인 관계를 맺음으로써 히타이트를 든든한 반석에 올려놓았다.

한편, 피야마라두라는 인물이 서쪽에서 반란을 일으켰는데, 그 지원 세력이 아히야와 왕의 형제인 타와갈라와였다. 피야마라두는 히타이트의 추격을 피해 밀라와타(나중의 밀레투스)로 도망쳤다가

샤루마 신에게 보호받는
투드할리야 4세의 모습
_야즐르카야 마애 부조

다시 '바다 저편'까지 쫓겨났고, 히타이트는 외교 사자를 파견하여 그와 회견했다. 참고로 여기 등장하는 '타와갈라와'라는 이름은 고대 그리스의 비극 〈오이디푸스왕〉에 등장하는 '에테오클레스'가 와전된 것이라고도 한다. 어쨌든 서쪽의 정세는 불안했다.

건설왕 투드할리야 4세

하투실리 3세의 뒤를 이어 그의 아들 투드할리야 4세가 즉위했다. 그의 후르리어 이름이 타슈미샤루마 혹은 히슈미샤루마였던 것을 보면 샤루마 신을 수호신으로 삼은 듯하다. 실제로 투드할리야

'청동판 문서'
_아나톨리아 문명 박물관

4세에게 바쳐진 성소(야즐르카야)의 마애 부조에는 샤루마 신이 어깨를 감싸 투드할리야 4세를 보호하는 모습이 새겨져 있다. 원래는 투드할리야의 형이 황태자였으나 적자의 자격을 잃었으므로 부왕은 생전에 왕비인 푸두헤파와 함께 투드할리야의 왕위 계승을 공들여 준비했다. 그래서 투드할리야 4세는 일시적으로 부왕과 함께 나라를 공동 통치하기도 했다.

당시 히타이트 제국 내부에는 타르훈타사와 카르케미시라는 두 부왕국이 있었는데 타르훈타사는 서쪽 속국, 카르케미시는 남쪽 속국의 통치와 관리를 담당하며 반독립국으로서 강력한 권한을 행사했다. 그중 타르훈타사에는 추방당한 무르실리 3세의 동생이자 투드할리야의 사촌 형제인 쿠룬티야가 부왕으로 부임해 있었다.

1986년, 이 쿠룬티야와 투드할리야 4세 사이의 조약을 새긴 청동판이 보아즈쾨이에 있는 스핑크스 문 뒤 땅속에서 발견되었다. '청동판 문서'로 불리는 이 조약에는 투드할리야 4세와 사촌형제 사이의 상호 화친, 히타이트 본국과 타르훈타사 부왕국 사이의 국경 등에 관한 약속이 담겨 있다.

투드할리야 4세는 히타이트 제국 각지에 비문과 시설을 남겨 현대 학자들에게 '건설왕'으로 불린다. 많은 비문과 시설에 루비어 상형문자로 이름이 새겨져 있으므로 투드할리야 4세가 지은 것임을 알 수 있다. 투드할리야 4세는 얄부르트, 카라쿠유, 에플라툰프나르에 댐과 저수지를 건설하고 에미르가지 등에는 자신의 이름을 새긴 제단을 만들었다. 만들어진 시기는 정확히 알 수 없지만, 파슬라르에 있는 높이 6m짜리 기후 신 거상(미완성)도 투드할리야 4세 시대의 유물로 보인다.

비문이나 시설은 히타이트 본국의 경계, 즉 타르훈타사 부왕국 및 카르케미시 부왕국의 국경 가까운 곳에 주로 분포해 있다. 단, 수도 하투샤(보아즈쾨이)의 북동쪽 2km 외곽에 있는 야즐르카야의 암굴 성소는, 투드할리야 4세의 이름이 새겨져 있긴 하지만 투드할리야 4세가 건설한 것이 아니라 세상을 떠난 투드할리야 4세를 기념하려고 아들 대에 건축한 사당일 가능성이 있다.

또 예전에는 수도 하투샤의 '높은 마을'(남쪽 절반)을 둘러싼 성벽

투드할리야 4세가 카라쿠유에 건설한 댐의 흔적

지금도 누워 있는 파슬라르의 거상

과 그 안의 30개 이상의 신전 전부가 투드할리야 4세 시대에 집중적으로 건설되었다고 알려져 있었지만, 최근의 연대 측정 및 고고학 연구의 진전에 따라 이 구역은 오히려 투드할리야 4세 시대에 방치되어 있었다는 사실이 밝혀졌다. 그 시대에 옛날 신전들의 자리에는 토기 공방이 있었다. 다시 말해 무와탈리 2세가 일시적으로 타르훈타사로 천도한 후 신전들은 방치되고 재건되지 않은 것이다. 이때 하투샤 마을은 오히려 축소되었던 듯하다.

외교적으로는 투드할리야 4세 시대에 히타이트의 위세가 한풀 꺾였다. 그래서 중요한 동銅 산지인 키프로스섬을 정복하면서도 아시리아에 대해서는 방어전으로 일관한 듯하다. 아시리아는 유프라테스강 상류에 있는 니히리야에서 히타이트를 꺾었는데, 동시대의 아시리아왕 투쿨티 니누르타 1세의 비문에 따르면 포로 2만 8,800명을 이끌고 돌아갔다고 한다. 투드할리야 4세는 아시리아의 위협에 대응하기 위해 속국 시리아의 하위 속국인 우가리트와 아무루에게 아시리아와의 경제 교류를 금지했다.

참고로 아무루와 우가리트는 사이가 나빴다. 아무루 왕자와 우가리트 왕녀의 이혼 분쟁에 투드할리야 4세가 개입하는 내용이 문서로 남아 있을 정도다.

한편, 서쪽에서는 부왕 때부터 불안했던 정세가 계속 이어지고 있었다. '밀라와타 서간'으로 불리는 점토판 문서에 히타이트의 속국이었던 윌루사(일리오스 = 트로이아?)의 정치 불안과 서쪽 속국들의 불온한 정세가 드러나 있다. 이때 투드할리야 4세가 자신의 권위를 드러내는 건축물을 다수 남긴 것은 어쩌면 히타이트 왕이 여전히 건재함을 과시하기 위해서였을지도 모른다.

게다가 1993년에 튀르키예 남부에서 발견된 하틉 비문에 따르면 투드할리야 4세의 사촌형제이자 타르훈타사 부왕인 쿠룬티야가 부왕의 지위에 만족하지 못한 듯하다. 이 마애 비문에는 쿠룬티야 본인의 모습과 함께 '대왕 무와탈리의 아들, 대왕 쿠룬티야'라는 루비어 상형문자가 새겨져 있다.

그런데 '대왕'이란 히타이트 본국 왕의 호칭이다. 타르훈타사와 히타이트 본국의 경계에 있는 비문이므로 쿠룬티야가 타르훈타사 내에서만 '대왕'으로 불렸다고 생각할 수도 있겠지만, 이후 보아즈쾨이 발굴 현장에서도 단 한 점이기는 하지만 '대왕 쿠룬티야'라는 이름이 들어간 점토 봉니(도장을 찍은 점토 덩어리)가 발견되었다. 쿠룬티야가 수도에서도 일시적으로 대왕으로 불렸을지 모른다는 뜻이다. 그러나 머잖아 투드할리야 4세의 아들 아르누완다 3세와 수필룰리우마 2세가 히타이트 왕으로 즉위하므로 쿠룬티야가 히타이트 대왕으로 불린 시간은 길지 않았을 것이다.

아르누완다 3세에 관한 자료가 많지 않아 그와 쿠룬티야의 관계는 명확히 밝혀지지 않았다. 다만 자식이 없이 죽었는지, 그의 뒤를 이어 즉위한 동생 수필룰리우마 2세가 형의 아들을 임신한 여성을 찾았다는 문서가 남아 있다.

내전, 속국의 독립, 큰 가뭄

수필룰리우마 2세는 기록으로 남아 있는 마지막 히타이트 왕이다. 그에 관한 점토판 문서와 비문이 몇 개 있는데 그중에서 특히 중요한 것이 하투샤 시내의 저수지 외벽에 지어진 사당 벽에 루비어 상형문자로 새겨져 있는 '남쪽 성 비문'이다. 이 사당은 발견 당시에는 쌓인 돌이 붕괴된 상태였으나 1992년에 다시 정비된 덕분에 비문 해독이 가능해졌다. 여기에는 루카(리키아 지방) 등 아나톨리아 남서부의 나라들을 토벌한 사실, 타르훈타사를 정복하고 도시를 재건한 사실이 서술되어 있다. 쿠룬티야 또는 그 후계자가 다스렸던 타르훈타사와 히타이트 사이에 전쟁이 있었다는 뜻이다.

한편, 수필룰리우마와 카르케미시 부왕 탈미테슙의 조약 문서도 발견되었는데, 양자가 거의 동격으로 조약을 맺은 것을 보면 카르케미시 부왕국도 거의 독립 상태였던 듯하다. 히타이트 제국이 속국의 독립과 내전으로 예전 제국의 면모를 잃어버린 것이다.

이미 하투실리 3세 시대에 작성된 외교 문서에 히타이트에서 기근과 식량 부족이 일어났음을 시사하는 문장이 있다. 동맹국인 이집트와 시리아의 속국에 히타이트가 곡물 보급을 요청하는 문서도 출토되었다. 둘 다 문학적 표현일 뿐이라는 의견도 있지만, 최근 고대 기후학 연구에 따르면 기원전 13세기부터 몇 세기에 걸쳐 장기적인 큰 가뭄이 아나톨리아를 덮쳤던 것은 틀림없는 사실이다.

수필룰리우마 2세의 '남쪽 성 비문'

> 우라 마을은 이렇게 하라. … 우리 태양(※히타이트 대왕)을 위해 식료를 비축했다. 우리 태양은 무키스(※시리아의 도시국가)에서 가져온 곡물 2,000코르(450t)를 언급했다. 그것을 큰 배, 선원과 함께 준비하여 쌓고 그 나라로 운반하라. 한 번이나 두 번의 배편으로 옮길 수 있을 것이다. 배를 기다리게 해서는 안 된다! … 이 일에 생사가 달렸다.
>
> - RS 20.212: 라스샴라(우가리트) 출토 문서

수필룰리우마 2세가 타르훈타사를 정복한 것도 해로로 곡물을 수입하려면 남쪽 경로에 있는 타르훈타사를 통제해야 했기 때문일지 모른다. 수필룰리우마는 지중해 연안에서 예전에 히타이트의 속

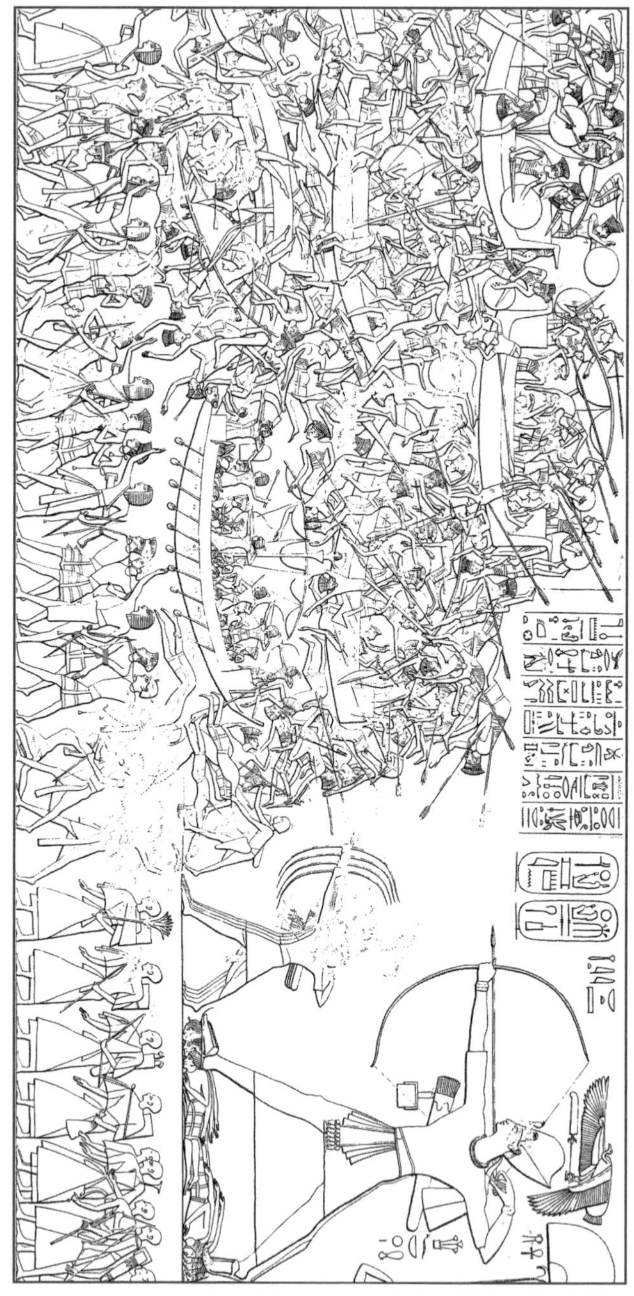

메디나트하부의 비문에 새겨진 람세스 3세의 모습과 '해양 민족들과의 전쟁' 장면.

국이었던 알라시야(키프로스섬 또는 그 도시국가?)의 선박 등 해상 세력과 전투를 벌이기도 했다.

> 내 아버지 … 짐은 동원했으며, 짐 수필룰리우마, 대왕은 곧바로 바다를 건넜다. 바다에서 만난 알라시야의 배와 세 번 싸우고 이겼다. 배를 빼앗아 불을 지르고 바다에 빠뜨렸다. 그러나 짐이 뭍에 닿았을 때 엄청나게 많은 알라시야의 적이 짐을 향해 왔다.
>
> - KBo XII 38: 수필룰리우마의 기록(비문 원문의 사본)

> 내 아버지(※카르케미시 부왕)여, 마음이여, 적의 배가 왔습니다. 우리 마을은 불타고 우리나라에 재앙이 들어왔습니다. 우리 군과 전차는 전부 하티에 있고 우리 군선은 전부 루카에 있음을 내 아버지는 모르십니까? … 그런 이유로 나라는 버려졌습니다. 내 아버지여, 적의 배 7척이 덮쳐 우리를 타격했음을 알아주십시오.
>
> - 우가리트 왕 암무라피 3세가 카르케미시 부왕에게 보낸 편지

기원전 1180년경을 마지막으로 히타이트어로 기록된 문서는 사라진다. 이후 히타이트 제국의 역사를 알려주는 유물은 히타이트 동맹국이었던 이집트의 람세스 3세가 메디나트하부(람세스 3세를 모신 신전)에 남긴 '해양 민족들과의 전쟁'에 관한 비문뿐이다.

(람세스 3세) 폐하의 치세 제8년(※기원전 1177년). 외국[모두]은 자신들의 섬에서 음모를 꾸몄다. 전쟁으로 나라들이 단숨에 흩어졌다. 어떤 나라도 그들의 팔 앞을 가로막지 못했다. 케타(※히타이트)를 비롯해 코데(※키주와트나국)도 카르케미시도 아르바드(※아르자와국)도 알라시야도, … 산산조각이 났다. [그들은,] 아무루 땅에 모두 모여 진영을 [펼쳤다?]. 그들은 그 [아무루의] 사람들과 그 나라를 이전에 존재하지 않았던 것처럼 황폐하게 했다. 그들은 찾아왔다. 이집트로 향하는 그들의 앞길에 불길이 올라왔다. 그들의 동맹은 펠레셋, 체케르, 세켈레쉬, 덴옌, 웨셰쉬였으며 나라들은 통합되어 있었다. (이하 생략)

- 메디나트하부 비문

* 출처: 역사학연구회 편, 《고대 오리엔트와 지중해 세계(古代オリエントと地中海世界)》

제6장

후기 히타이트 시대, 서아시아 세력의 재편

히타이트 멸망의 진실은?

히타이트 제국은 기원전 1200년경에 멸망했는데 그 시기도 경위도 명확히 밝혀지지 않았다. 멸망했다는 사실이 직접적으로 언급된 사료도 앞 장 끝에서 소개했다시피 람세스 3세가 새긴 메디나트하부의 비문뿐이다. 하지만 그곳에는 분명 '히타이트는 해양 민족들의 혼합 집단에 멸망했다'라고 쓰여 있다. 과연 이것이 사실일까? '해양 민족들'이 히타이트 영내로 직접 쳐들어왔다면 그 증거가 될 만한 고고학 자료도 출토되었을 텐데 과연 그랬을까?

에게해 연안과 지중해 동부 연안에서는 기원전 1200년경 이후에 출현한 '미케네 ⅢC식 토기'가 널리 출토되었다. 이 토기들은 이전에 미케네 문명에서 쓰였던 칠무늬토기와 비슷하다. 미케네 문명도 히타이트와 같은 시기에 누군가에게 공격받아 궁전이 불타고 결국

아나톨리아 초기 철기 시대의 각종 토기와 비문의 분포

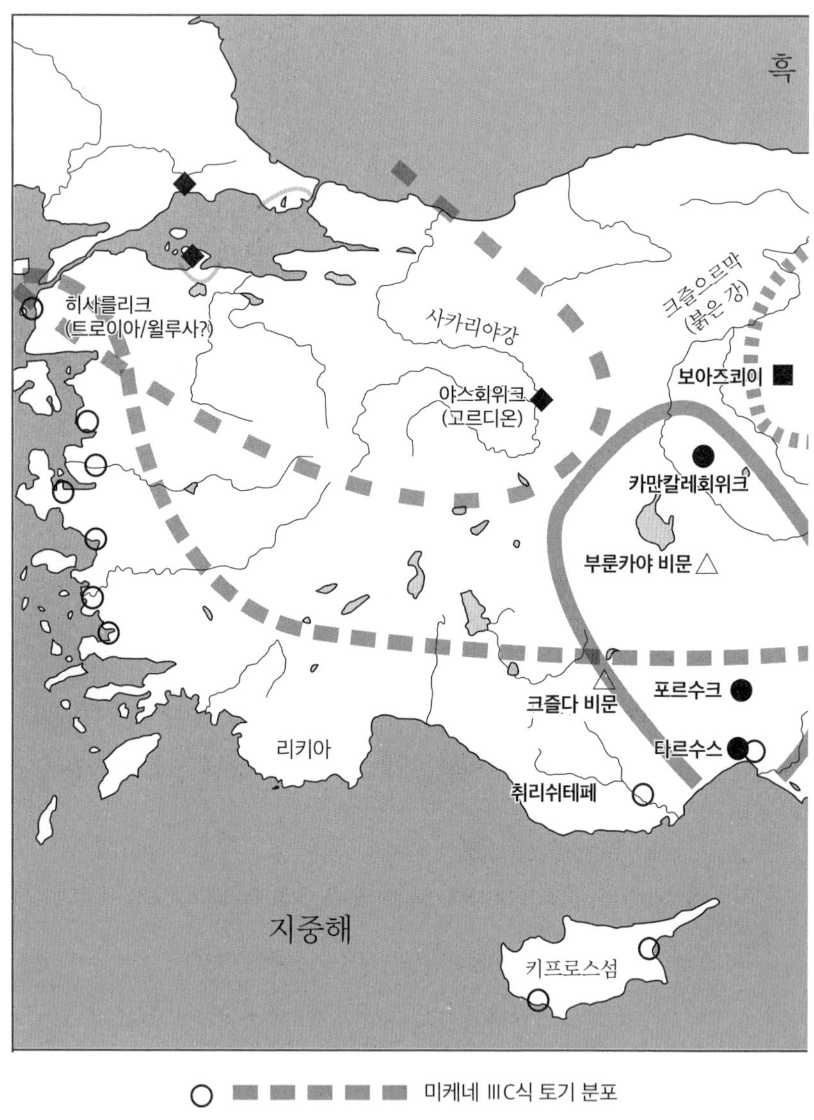

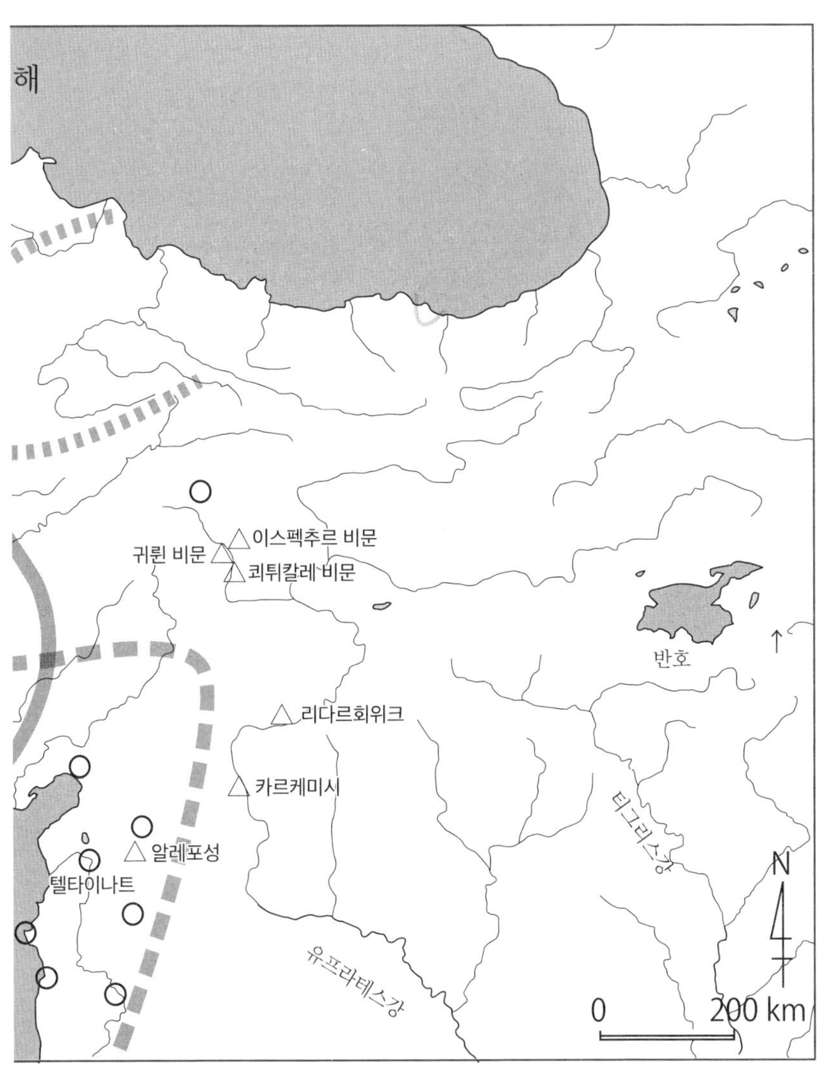

붉은색 칠무늬토기 분포

수제 토기, 혹 달린 토기의 분포

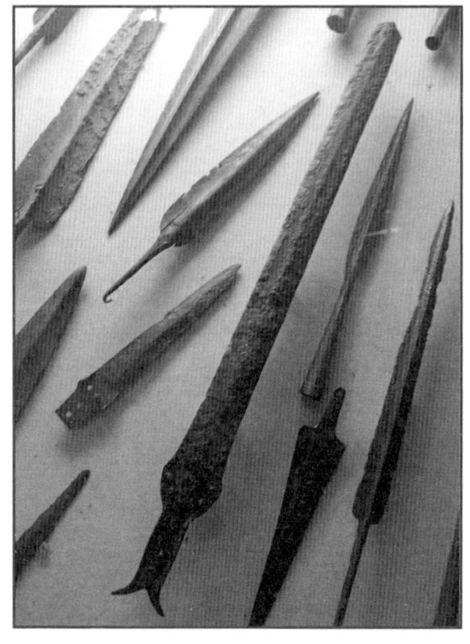

키프로스섬의
엔코미 유적에서 출토된 장검
_키프로스 박물관

붕괴했는데 그때 이 칠무늬토기가 '해양 민족들'의 이동으로 널리 퍼진 듯하다.

그러나 아나톨리아에서는 이 칠무늬토기가 해안에서만 출토되고 내륙에서는 거의 출토되지 않았다. 또, 아나톨리아 서부와 지중해 연안에서 기원전 1200년경 이후에 쓰였던 청동제 무기(장검)와 도구가 출토되었는데, 이것 역시 유럽에서 쓰던 것들과 유사하므로 사람들이 유럽에서 서아시아로 이동했다는 증거가 된다. 하지만 이것들 역시 히타이트 본국인 아나톨리아 내륙에서는 출토되지 않았다.

즉, 히타이트 본국에는 '해양 민족들'의 흔적이 남아 있지 않은 것이다. 히타이트 제국 말기에 보아즈쾨이(하투샤) 등 도시들이 불탄 것은 틀림없는 사실이지만 그것이 해양 민족들의 소행은 아니라는 뜻이다.

기원전 1200년경에 시작된 후기 히타이트 시대(초기 철기 시대)의 아나톨리아에서는 문자 사료는커녕 토기조차 발견되지 않았다. 그래서 예전에는 이 시대를 '암흑시대'로 불렀다. 그러나 1990년경 이후 일본 발굴단이 발굴한 카만칼레회위크, 독일 발굴단이 발굴한 보아즈쾨이, 미국 발굴단이 발굴한 고대 프리지아* 왕국의 수도인 고르디온 등의 유적에서 이 무렵의 토기가 속속 출토된 덕분에 '암흑시대'가 사라졌다. 이 시대에 관해 새로 밝혀진 사실은 다음과 같다.

- 히타이트의 수도가 있었던 보아즈쾨이는 제국이 멸망할 때 완전히 버려졌지만, 곧바로 뷔위크카야 지구에서 땅을 파고 그 위에 지붕을 올린 수혈 주거竪穴住居 같은 조악한 집이 지어졌고 매우 짧은 기간 동안 히타이트 토기와 비슷한 토기가 쓰였다(제국 멸망 직후 쿠샤클르 유적에서 이런 토기가 발견됨). 그리고 이 토기가 적갈색 안료를 쓴 수제 성형 기하학 문양 칠무늬토기를 대신하게 되었다. 이 적갈색 칠무늬토기는 '붉은 강'으로 둘러싸인 지역의 북쪽에 분포했다.

---

* 기원전 1500년경 인도유럽어족이 소아시아로 침입하여 선주민을 정복하고 세운 왕국의 이름. 수도는 고르디온이며, 이 나라의 시조 고르디아스Gordias의 아들 미다스Midas왕은 '손에 닿은 모든 것이 황금으로 변했다'는 전설로 유명하다.

- 카만칼레회위크 IId층에서 최근에 출토된 칠무늬토기는 이 유적의 남쪽, 즉 지중해에 이르는 아나톨리아 남부에 주로 분포했다. 이 지역의 건물은 굴립주掘立柱를 쓴 것이 특징이다. 굴립주란 기초시설 없이 직접 땅에 기둥을 박아 세우는 방법으로 건물을 짓는 것을 말한다.

- 아나톨리아 서부의 고르디온(철기 시대에 프리지아 왕국의 수도가 될 곳)과 히사를리크의 VIIb층에서는 초기 철기 시대에 손으로 빚어 만든 토기가 새로 출토되었다. 그 이전의 토기는 물레 성형이었다. 새로운 토기는 발칸반도 방면의 이주민이 가져온 것으로 추정된다. 기원전 5세기, 고대 그리스 역사가 헤로도토스가 저술한 《역사》에 '프리지아인이 발칸반도에서 건너왔다'라는 기술이 있는데, 이 기술에 부합하는 증거라 할 수 있다. 참고로, 프리지아인은 아시리아 측 사료에는 '무슈키'라는 이름으로 등장한다. 또한 히사를리크는 독일 고고학자 하인리히 슐리만Heinrich Schliemann이 발굴한 유적으로 전설의 트로이아로 여겨졌다.

따라서 히타이트 제국의 멸망에 '해양 민족들'이 직접 관여한 것 같지는 않다. 그러나 '해양 민족들'의 동란이 빌미가 되어 이전에 히타이트 제국을 시행했던 다양한 제도가 제 기능을 하지 못했고 그

카만칼레회위크 IId층에서 출토된 칠무늬토기_카만칼레회위크 고고학 박물관

결과, 국민의 분단과 속국의 독립 등 새로운 불화와 내전이 제국을 붕괴시켰다고 추측할 수 있다.

앞 장에서 말했듯 히타이트 제국 말기에 아나톨리아가 심한 가뭄을 겪었을 가능성이 큰데 이 역시 제국을 지탱했던 제도들이 붕괴한 원인이 되었을 것이다. 사실 '해양 민족들'의 이동과 기후 변동이 밀접한 연관관계를 가지고 있을 수도 있다. 어쨌든 한 가지 원인만을 꼽기는 어렵다.

히타이트 제국은 멸망했다. 그러나 히타이트 제국의 혈통과 문화는 기원전 1200년 이후에도 살아남았다. 제국의 멸망과 함께 히타이트어(네샤어)를 쐐기문자로 표기하는 전통은 사라졌지만, 제국 중

히사를리크 Ⅶb층의 토기_이스탄불 고고학 박물관

기부터 왕성하게 사용된 루비어 상형문자 표기의 전통은 이후 약 500년 동안 이어진 것이다. 이 시대를 '후기 히타이트' 시대라고 부른다. 이 전통이 시리아에 주로 남아 있었으므로 '시로(시리아의 형용사형) 히타이트' 혹은 '신(네오) 히타이트' 등으로도 부른다.

아나톨리아 남동부와 시리아 북부에서 출토된 루비어 상형문자 비문은 21세기 말에 대부분 해독되었다. 덕분에 우리가 히타이트 제국 멸망 후의 상황을 어느 정도 파악할 수 있게 되었다.

제국 멸망 이후 본국이었던 하투사 주변, 즉 붉은 강으로 둘러싸인 지역에서는 루비어 상형문자로 된 사료가 거의 발견되지 않았다. 그러나 아나톨리아 남부의 콘야 평야, 그리고 아나톨리아 남동부에서 시리아 북서부에 걸친 지역에는 히타이트 왕가의 분가分家가 다스리는 타르훈타사 부왕국과 카르케미시 부왕국이 존속해 있었다. 이 나라들은 히타이트 제국이 멸망한 후에도 살아남았다.

히타이트 제국이 멸망한 후에도 살아남은 부왕국들

우선 카르케미시 부왕국에 관해 살펴보자. 히타이트 멸망 직전 탈미테슙의 아들 쿠지테슙의 이름이 새겨진 인장이 1985년에 출토되었다. 쿠지테슙의 이름은 수필룰리우마 2세 시대의 점토판 문서에도 등장한다.

한편 아나톨리아 남동부의 귀륀 비문에는 루비어 상형문자로 '룬티야스, 대왕, 말라이지(※이후 말라티야)의 왕, 조부이자 카르케미시의 영웅인 쿠지테슙을 이은 자'라고 새겨져 있다. 또 다렌데 비문과 이스펙추르 비문에 등장한 아르누완티라는 인물도 말라티야 왕이자 쿠지테슙의 자손을 자처하므로 룬티야스의 형제일 가능성이 있다.

이 비문에서는 히타이트 제국의 전통을 의식한 '대왕'이라는 말이 왕가(본가)의 호칭으로 쓰였으므로 카르케미시 부왕 쿠지테슙의 자손으로 불리는 인물이 카르케미시와 말라티야 등 후기 히타이트 시대의 도시국가를 지배했다는 사실을 알 수 있다.

쿠지테슙이 자신을 '대왕'으로 칭한 비문은 발견되지 않았으므로

아나톨리아 남동부의 귀륀 비문

아마 그의 자손 중 누군가가 '대왕'을 참칭하기 시작했을 것이다. 아마 기원전 1200년의 동란 이후 살아남은(메디나트하부 비문에는 '해양 민족들'에게 멸망했다고 쓰여 있지만) 카르케미시 부왕국이 얼마 지나지 않아 카르케미시와 말라티아 양국으로 분열되었고, 그 과정에서 군주가 '대왕'을 참칭하기 시작했을 것으로 추정된다.

한편, 다른 한쪽인 타르훈타사 부왕국에 관해 말하자면, 수필룰리우마 2세의 '남쪽 성 비문'에 '히타이트 대왕 가문에게 멸망했다'라고 기록되어 있다. 그리고 튀르키예 남부 콘야 평야에 우뚝 솟은 크즐다(붉은 산) 정상의 천연 바위에는 루비어 상형문자로 '태양이자 대왕인 하르타푸, 영웅, 폭풍의 신에게 사랑받는 자, 무르실리의

카르케미시의 지배자 야리리와 그 가족의 부조_아나톨리아 문명 박물관

아들, 대왕, 영웅'이라고 새겨져 있다.

루비어 상형문자 해설에 큰 공을 세운 영국 학자 데이비드 호킨스David Hawkins는 이 '무르실리'를 하투실리 3세에게 왕위를 빼긴 무르실리 3세로 보고, 그 아들인 하르타푸가 숙부인 쿠룬티야의 뒤를 이어 타르훈타사 왕이 되었고 히타이트 제국이 멸망한 후에도 왕권을 유지한 것이라고 결론지었다.

그렇다면 히타이트 제국이 멸망한 후에도 카르케미시와 타르훈타사라는 두 부왕국은 존속하며 적어도 기원전 1000년경까지 히타이트 왕가 방계의 전통을 유지한 셈이다. 다만, 이 비문 근처에 있는 왕의 좌상은 이때 만들어진 것이 아닌 듯하다. 그 선각화(線刻畵,

동굴 묘의 벽에 뾰족한 물건으로 선을 새겨서 그린 그림) 양식이 아무래도 기원전 8세기 이후 아시리아의 영향을 받은 것으로 보이기 때문이다. 따라서 호킨스는 훗날 어떤 시대의 이름이 같은 왕이 이 좌상을 재활용했을 것이라고 설명했다.

실제로 하르타푸의 이름은 크즐다 이외에 카라다(검은 산)와 부룬카야의 마애 비문에도 등장한다. 2019년에는 크즐다에 가까운 튀르크멘카라회위크 유적 근처의 용수로 내에서도 하르타푸의 이름이 새겨진 비석이 발견되었다.

크즐다 비문과 마찬가지로 이 비문에도 '대왕 하르타푸가 무슈크의 왕 미타 등을 무찔렀다'라고 새겨져 있다. '무슈크의 왕 미타'란 아시리아 왕 사르곤 2세(기원전 8세기 말)의 사료에 언급된 '무슈키 왕 미타(프리지아 왕 미다스)'일 테고 하르타푸 역시 기원전 8세기 말의 인물일 것이라는 목소리가 다시 커지고 있다.

그러나 이것만으로는 의문이 남는다. 히타이트 제국과 같은 루비어 상형문자를 쓴 것은 그렇다 치더라도, 제국 멸망 후 약 500년이나 지난 시대의 인물이 뒤늦게 히타이트 제국의 대왕을 자칭한 이유가 무엇일까? 게다가 크즐다 비문도 튀르크멘카라회위크 비문도 일부 문자가 선각이 아닌 부조여서 나중 시대에 새로 새겨졌거나 재활용되었을 가능성이 있다. 히타이트 제국 멸망 당시의 상황 해석에 큰 영향을 끼칠 이 문제에 관해서는 당분간 결론이 나지 않을 듯하다.

팔리스틴은 구약 성서에 언급된 민족일까

루비어 상형문자를 쓰던 후기 히타이트 시대에는 서쪽에 많은 나라가 분립해 있었다. 순서대로 나열하면 타발 · 쿠웨 · 힐라쿠 · 구르굼 · 멜리드(나중에 말라티야가 되는 말라이지) · 쿠무(나중의 콤마게네) · 카르케미시 등이다. 그리고 시리아 남부에도 웅키(파티나), 하마트 등이 있었다.

히타이트 제국 시대에는 시리아에 셈족이 살았다. 이들은 원래 쐐기문자를 썼으나 히타이트 제국이 멸망한 기원전 1200년경 이후에는 루비어 상형문자를 받아들여 루비어 비문을 남겼다. 그러나 히타이트 제국이 멸망한 후 이 지역에 내륙의 셈계 유목민인 아람족이 유입되었고 서서히 주민 대부분이 아람화되었다. 아람족이 일종의 알파벳인 아람문자*를 썼으므로 루비어 상형문자는 서서히 밀려났다.

토기 측면에서는 기원전 1200년 직후 에게해 방면에서 유래한 미케네 ⅢC식 토기가 시리아 북서부에서 널리 쓰였다. 즉, 에게해와 유럽 방면에서 새로 들어온 사람들과 아람족 그리고 토착 셈족이 혼재하면서 무슨 이유에서인지 앞 시대 종주국인 히타이트 제국의 언어 루비어 상형문자를 쓴 것이다.

* 기원전 8세기 페니키아 문자에서 발달한 문자. 아랍문자, 히브리문자를 거쳐 한자를 제외한 거의 모든 아시아 문자의 기원이 된다.

후기 히타이트(기원전 12세기~기원전 8세기) 유적 지도

■ ■ ■ 아시리아 제국의 최대 영토(사르곤 2세 시대, 기원전 705년경)

※ 도시 유적의 괄호 안은 당시 명칭

흑해
콜키스
녹색 강
카르미르블루르
(테이셰바니)
예레반
(에레부니)
아르마비르
(아르기쉬티히닐리)
알틴데페
우라르투
아락세스강
토프락칼레
(루사히닐리)
반호(湖)
반(투슈파)
안쵸즈
비트자마니
지야렛테페(투샨)
텔할라프(구자나)
비트바히아니
텔아흐마르(마수와리)
비트아디니
아시리아
코르사바드
(두르샤루킨)
니네베
텔타반(타베투)
티그리스강
님루드(칼후)
비트할루페
텔셰이크하마드
(두르카틀림무)
아수르
유프라테스강
라케
후기 히타이트 도시와 유적(아람 도시 포함)
이시리아 제국의 도시와 유적
기타 유적
후기 히타이트의 비문과 기념비
밑줄 친 지명: 지역명 혹은 국명
옛 싸움터

이 시대의 국가 중 특히 흥미로운 나라가 튀르키예 최남단 아무크 평원과 그 주변에 기원전 1000년경에 있었던 팔리스틴이다. 이 나라는 동으로는 유프라테스강, 남으로는 하마트까지 그 영역을 넓혔으며 왕을 타이타로 불렀다.

시리아 북서부의 알레포는 현재 시리아 제2의 도시로, 시가지 중심부에 알레포 성이 있다. 그런데 1996년에 이 알레포 성 지하에서 후기 히타이트 시대의 신전 유적이 발견되었다. 이 신전은 알레포가 히타이트 제국에 편입되기 전부터 있었던 곳으로 히타이트 제국 시대에는 '알레포 기후 신'을 모시는 곳이었고 수필룰리우마 1세의 아들 텔레피누가 알레포 부왕으로 봉해진 곳이기도 했다.

기원전 1000년경, 앞서 언급한 타이타 왕이 이 신전에 루비어 상형문자로 된 비문을 기증했다. 타이타 본인과 기후 신의 모습이 함께 새겨져 있는 비문인데 거기서 타이타가 자기 나라를 '팔리스틴국'으로 불렀다('왈리스틴'으로 읽어야 한다는 설도 있음).

팔리스틴은 이집트 비문에 등장하는 '해양 민족들' 중 '펠레셋'에 해당한다. 그런데 이 나라는 팔레스타인 남부 토착민이자 구약 성서에서 고대 이스라엘 민족의 숙적으로 언급된 '블레셋'('팔레스타인'의 어원)과 이름이 매우 비슷하다. 구약 성서 〈사무엘서〉에서 고대 이스라엘 왕 다윗 이야기에 등장하는 하마트 왕 '도이'와 팔리스틴 왕 '타이타'가 동일 인물이라는 학설도 있다.

타이타의 이름이 새겨진 루비어 상형문자 비문은 튀르키예 최남

아인 다라 유적에 남아 있는 후기 히타이트 시대의 사자상. 신전 문 양쪽을 장식하고 있다.

단 아무크 평원에 있는 텔타이나트(고대명 쿠눌루아) 유적에서도 발견되었다. 이 유적에서는 궁전뿐만 아니라 작은 신전도 발굴되었는데, 그 평면이 구약 성서에 등장하는 예루살렘 신전, 즉 예루살렘의 '신전 언덕'에 이스라엘 왕 솔로몬이 건설했다는 신전과 비슷하다. 다만 공간 배치는 히타이트 양식보다는 청동기 시대부터 전해 내려온 전통적 시리아 양식에 가깝다.

구약 성서에 언급된 예루살렘 신전이 실재하는지는 알 수 없다. 그러나 1980년대에 시리아 북서부에 있는 아인 다라 유적에서 발굴된 후기 히타이트 시대의 신전이 성서에서 묘사된 예루살렘 신전과 모습이 비슷해서 화제가 된 적이 있다. 하지만 이 신전 유적은 시리

샬마네세르 3세의 쿠르흐 비문_대영 박물관　　아인 다라 신전 평면도

아 내전의 폭격으로 2018년에 사라져버렸다.

텔타이나트는 나중에 파티나 혹은 웅키라는 이름으로 알려진 팔리스틴의 중심 도시였다. 2012년에는 여기서 기원전 9세기경의 왕 수필룰리우마(아시리아 측 사료에서는 '사팔룰루메'로 언급됨)의 거대한 흉상이 발견되기도 했다. 이 나라는 기원전 738년에 아시리아에 병합되기 전까지 루비어 이름으로 불리는 왕들의 지배를 받았다.

후기 히타이트 시대에 시리아 서부의 하마에는 하마트 왕국이 있었다. 기원전 9세기경 이 나라에는 파리타 · 우르힐리나 · 우라타미

* 內陣. 벽이나 기둥을 겹으로 두른 건물의 안쪽 둘레에 세운 칸.

** 外陣. 벽이나 기둥을 겹으로 두른 건물의 바깥쪽 둘레에 세운 칸.

등 루비어 이름으로 불리는 왕들이 군림했다. 그들이 남긴 비문이 19세기에 오스만 제국의 수도 이스탄불에 있는 박물관으로 자리를 옮긴 것을 계기로 사람들의 기억에서 완전히 사라졌던 히타이트를 학문적으로 연구하기 시작했다. 20세기 초인 1906년에 발굴된 보아즈쾨이가 히타이트의 수도 하투샤의 유적으로 판명되기 전에는 모두가 고대 이집트 및 아시리아 사료에 등장하는 하티(히타이트) 혹은 구약 성서에 등장하는 '헷 사람'의 나라가 아나톨리아가 아닌 이곳 시리아에 있었다고 믿었다.

하마트의 왕 중 우르힐리나(아시리아 비문에는 이르훌레니로 기록됨)의 이야기가 아시리아 왕 샬마네세르 3세의 비문(쿠르흐 거대 돌기둥 비문)에 기록되어 있다. 우르힐리나가 기원전 853년에 시리아의 카르카르라는 곳에서 북이스라엘 왕 아합, 다마스쿠스(아람) 왕 벤하다드 2세와 연합하여 동방의 메소포타미아에서 침공한 아시리아 제국에 응전했다는 내용이다.

솔로몬의 신전 양식이 보여주듯, 후기 히타이트 국가들과 그 문화는 고대 이스라엘인에게 이웃사촌 같은 느낌이었다. 참고로 우르힐리나의 아들 우라타미 이후에 아람족인 사쿠루라는 인물이 하마트의 왕위를 빼앗은 듯한데, 그 후 이 나라는 루비어 상형문자를 쓰지 않게 되었고 결국 기원전 720년에 아시리아에 병합되었다.

아시리아에 병합된 후기 히타이트 국가들

튀르키예 남부에는 현재 유적 공원이 된 카라테페(검은 언덕) 유적이 있다. 이곳에서 튀르키예 발굴단이 1940년대부터 발굴을 시작한 결과, 기원전 8세기에 이곳을 다스린 아자티와타왕의 루비어 상형문자 비문과 기후 신의 거상을 발견했다. 그리고 페니키아 문자가 병기된 이 비문이 루비어 상형문자 해독의 돌파구가 되었다.

기원전 8세기에 시리아에 있었던 후기 히타이트 국가들의 주류는 아람인이었으므로 앞서 소개한 하마트처럼 루비계 왕을 배제하고 아람인이 왕이 되는 나라도 생겨났다. 게다가 약 500종의 그림문자로 이루어진 루비어 상형문자보다 22종의 알파벳으로 이루어져 훨씬 간편한 아람문자가 점차 확대되는 것은 자연스러운 일이었다.

카라테페의 비문에 두 언어가 병기된 것만 보아도 아람문자와 같은 계통인 페니키아 문자가 이곳에서 대중화되었음을 알 수 있다. 그래서 루비인도 다수파가 된 아람인의 문화에 동화되었다.

이 흐름에 박차를 가한 것이 동방의 메소포타미아에서 지중해 쪽으로 지배 영역을 넓힌 아시리아 제국이다. 역대 아시리아 왕들은 기원전 9세기의 아수르나시르팔 2세와 샬마네세르 3세를 시작으로 서방 원정을 거듭하여 시리아 국가들을 속국화했다. 시리아에 자리 잡은 후기 히타이트 국가들은 아시리아가 혼란해졌을 때 잠시 독립하기도 했지만 결국은 아시리아 치하로 차례차례 들어가 조공을 바

루비어 상형문자로 작성된 카라테페 비문

페니키아어로 작성된 카라테페 비문

치게 되었다.

티글라트 필레세르 3세(기원전 8세기 후반) 시대부터 아시리아는 시리아의 속국을 직접 지배하거나 속주로 만들기 시작한다. 나중에 유다 왕을 '바빌론 포로'로 끌고 간 것처럼 출신 지역과의 인연을 끊기 위해 지배층을 강제로 연행하거나 아시리아 영내의 다른 지역(이란 등)으로 이주시켰다. 아시리아 제국은 영내에 많이 사는 아람인의 언어를 제2의 행정 언어로 채용하고 아람 문화를 적극적으로 받아들였으므로 아시리아 제국의 지배하에서 점차 아람화가 진행되었다.

후기 히타이트 시대에 '하티국'이라는 말은 의미가 달라졌다. 아시리아가 생각하는 '하티'는 이미 옛날의 '히타이트 제국'이 아니라 카르케미시와 그 주변의 극히 좁은 지역을 가리키는 말이 되어 있었다. 튀르키예와 시리아 접경에 있는 카르케미시 유적은 20세기 초에 대대적으로 발굴되었다. 참고로, 《아라비아의 로렌스Lawrence Of Arabia》의 저자로 유명한 토머스 E. 로렌스Thomas Edward Lawrence도 이 발굴단의 일원이었다. 이후 이탈리아 발굴단도 재조사를 통해 큰 성과를 거두었다.

히타이트 최후의 아성이었던 카르케미시도 이미 오래전부터 아시리아의 속국이었지만, 기원전 717년에 무슈키 왕 미타(프리지아 왕 미다스)와 내통하여 모반을 꾀했다는 혐의를 받아 아시리아 제국에 아예 병합되고 말았다.

아직은 후기 히타이트 국가들이 아나톨리아에 남아 있긴 했지만, 결국 차례차례 아시리아 왕의 지배하에 들어가게 되었다. 나중에는 히타이트의 전통을 계승한 나라도 히타이트 문화 자체도 기원전 7

고르디온과 우라르투의 유적에서 출토된 구리로 만든 대형 솥. 비슷한 솥이 그리스와 이탈리아에서도 출토되었다. _아나톨리아 문명 박물관

세기경에 다 사라졌다. 아나톨리아에 처음 문자를 들여온 상인들도 아시리아인이었지만 아나톨리아에서 생겨난 히타이트 문화를 소멸시킨 사람들도 아시리아인이었다.

그래도 후기 히타이트는 '비트힐라니'로 불리는 건축 양식으로 아시리아에 영향을 끼쳤다. 또 후기 히타이트에서 기원한 금속 공예가 프리지아와 페니키아까지 전파된 덕분에 금속 공예품이 그리스 서부와 에트루리아에서도 출토되고 있다.

그러나 히타이트는 역사뿐만 아니라 이름조차 오랫동안 기억의 저편에 숨어 있었다. 19세기에 재발견되기 전까지 구약 성서에 단편적으로 언급된 나라였을 뿐이다.

제7장

도덕과 정의로 다스린 히타이트의 국가와 사회

왕자와 왕비도 신관의 역할을 담당

히타이트 제국은 기원전 17세기 중반에 건국된 이후부터 기원전 12세기경에 멸망할 때까지 대대로 한 사람의 대왕(타바르나)이 다스리는 1인 지배 체제였다. 각 지방 도시에도 왕으로 불리는 군주가 있었으므로 수도 하투샤에 군림한 왕은 다른 왕과 구별하기 위해 '대왕'으로 불렸다. 실제로 기원전 14세기 이후에 히타이트 제국에서 쓰인 루비어 상형문자에서는 하투샤의 왕을 언급할 때 '왕'을 의미하는 삼각형 문자 위에 '크다'를 의미하는 삿갓 모양 문자를 올려 '대왕'으로 읽히도록 했다.

건국 초기(히타이트 고왕국)의 히타이트 왕, 특히 하투실리 1세와 그의 손자 무르실리 1세는 공격적인 성향이면서 군사 지도자적 성격이 강했다. 이것은 하투사의 대왕이 수많은 도시의 모든 왕 중 소위 '제1인자'에 지나지 않았다는 뜻이다. 즉, 개인적 카리스마를 발휘하여 '강한 전사'로서의 대왕 이미지를 확립하고 군사적 성공으로 외국의 자원과 재산을 획득함으로써 국민과 동맹자, 적을 압도하며 대왕으로서의 정당성을 과시할 필요가 있었던 것이다. 이것은 고대 메소포타미아 문명 초기의 도시국가에 군림한 고대 오리엔트 왕들에게 공통되는 특징이다.

실제로 히타이트 고왕국 시대의 왕은 다른 왕궁에서 왕족을 수행하는 비서, 술 맡은 자, 책상 나르는 자, 조리하는 자, 정원 관리자, 시동, 천부장 등으로 구성된 회의체 '판쿠', 그리고 원로원인 '툴리야'에 무엇이든 상의하도록 되어 있었다. 그래서 지금은 타당성을 인정받지 못하지만, 한때 히타이트 고왕국에서 왕을 중세 유럽 독일처럼 선거로 뽑았다고 주장하는 학자도 있었다. 중왕국 시대 이후에는 판쿠와 툴리야가 사라지고 대왕의 독재 체제가 완성되었으므로 대왕의 왕위를 둘러싼 싸움도 비교적 줄어들었다.

군사적 성공은 신하와 전사들의 복종뿐만 아니라 신의 은총까지 보장했다. 따라서 왕은 전쟁 포로, 약탈한 가축 등의 재산과 토지를 분배하고 신에게 봉납하는 동시에 최대의 전리품인 신전과 궁전을 신에게 바쳐야 했다. 왕은 군사적 지도자이자 종교적, 법적 대표자(권위)였으며 지위를 신이 보증하는 신의 대리자로서 현생에 군림했다. 하투실리 1세는 "태양 여신과 기후 신이 왕인 나에게 우리 영토와 우리 집을 맡겼다"라고 말하기도 했다. 그러므로 왕권을 정당화

야즐르카야에 있는 투드할리야 4세의 부조. 정의를 상징하는 앞이 구부러진 지팡이를 들고 있다.

하려면 신을 잘 받들어야 했다.

단, 왕은 어디까지나 종교 행사의 주최자일 뿐 제례 자체는 신관의 몫이었고 왕은 신관을 겸하지 않았다. 또 신과 직접 만난다고는 하지만 왕은 신이 아니었으므로 국토의 안녕과 국민의 행복을 책임지고 도덕성을 유지해야 했다. 히타이트 고왕국 시대의 문서에 '굶주린 자에게 음식을, 목마른 자에게 물을, 추위에 떠는 자에게 옷을'이라는 말이 적혀 있는데, 이것은 고대 오리엔트에 공통되는 지배 이념이다. 그림이나 조각상에 등장한 이때의 왕들은 정의를 상징하는 앞이 구부러진 지팡이GIŠ-kalmuš를 들고 있다.

무르실리 2세는 아린나의 태양 여신, 무와탈리 2세는 번개의 신, 하투실리 3세는 이슈타르 여신, 투드할리야 4세는 샤루마 신 등, 왕들은 각자 수호신을 선택하여 숭배했지만 '모든 신들에게 사랑받는 자'로서 모든 신들에게 바치는 의례를 관장해야 했다.

종교 제례는 매우 중요한 나랏일이었으므로 수필룰리우마 1세의 아들 텔레피누가 키주와트나의 최고 신관에 취임한 것처럼 왕족이 고위 신관이 되는 일도 종종 있었다. 국토가 넓어질수록 고위 관직이 전문화하고 관직 수도 증가했으나 고위 신관은 주로 왕족 중에서 왕이 직접 임명했다.

최고의 관직인 근위대장GAL MEŠEDI으로는 왕의 동생이나 왕자가 임명되는 것이 보통이었다(히타이트학에서 히타이트어를 라틴 문자로 전사할 때 외래어인 수메르어 단어는 전부 대문자로 써서 구별하는데 이것을 '수메로그램'이라고 부름). 또 수필룰리우마 1세는 광대해진 국토를 통치하기 위해 시리아 북부의 알레포와 카르케미시에 부왕국을 세우고 왕자 텔레피누와 사리쿠수흐를 부왕으로 임명했다.

왕자가 대사가 되어 외교를 맡기도 했다. 일례로 하투실리 3세의 아들 히슈미 샤루마(투드할리야 4세)는 이집트에 파견되어 식량 지원을 요청했다. 또 하투실리 3세의 왕자 네리칼리는 수필룰리우마 1세의 왕자 잔난자처럼 정략결혼에 이용되기도 했다. 이는 왕녀들도 마찬가지다.

대왕은 자손을 확실히 남기기 위해 첩도 두었다. 다만 첩에게서 난 서자는 왕이 되기 어려웠다. 고왕국 시대 말기의 텔레피누왕이 정한 텔레피누 칙령에서 '제1급 왕자가 있다면 그 왕자가 (다음 대의) 왕이 된다. 제1급 왕자가 없다면 제2급 왕자가 왕이 된다. 왕자가 없다면 제1급 왕녀(massanauzzi 또는 massana-IR-i)에게 사위를 들여 왕으로 삼는다'라고 정해놓았기 때문이다.

따라서 적자가 아닌 왕자는 '왕의 아들DUMU. LUGAL'로 불리며 왕족으로 대접받기는 했으나 왕위 계승을 기대할 수 없어서 고급 관료나 지사급에 만족해야 했다. 하투실리 3세가 조카 무르실리 3세의 왕위를 빼앗을 때도 무르실리의 어머니가 비천한 출신이라며 찬탈을 정당화했다. 한편 왕녀와의 결혼은 신하에게 출세 수단이 될 수 있었다.

왕의 배우자인 대왕비(타와난나)도 신관에 취임했는데 그 지위는 배우자가 죽은 후에도 계속되었다. 그래서 수필룰리우마 1세의 아내가 의붓아들 무르실리 2세와 대립하다가 추방당한 적도 있다. 또 키주와트나국 대신관의 딸이자 하투실리 3세의 아내였던 푸두헤파는 대왕비이자 신관으로서 급격히 확장된 히타이트 영토 내의 히타이트계, 하티계, 그리고 새로 유입된 후르리계 신들을 절충하여 신들의 세계인 판테온을 재편했다고 한다.

왕은 법적 권위자이기도 해서 지배하는 속국끼리의 분쟁, 예를 들어 혼인 같은 개인적 문제 등을 '법정'에서 중재해야 했지만, 실제로는 왕족 등이 실무를 거의 대행했다. 일례로 앞서 말한 푸두헤파는 남편 하투실리 3세가 즉위했을 때부터 법적 권위를 공유했고 남편 사후에도 속국끼리의 분쟁을 재판했으므로 속국으로부터 대왕의 호칭인 '우리 태양'으로 불리기도 했다.

히타이트 제국 행정을 책임졌던 서기관

글을 읽고 쓸 줄 아는 서기관들은 히타이트 제국 행정의 기둥이었다. 명확하게 밝혀지지는 않았지만, 장기간의 고도 훈련이 필요한 당시 쐐기문자 시스템을 생각하면 문서 발신자인 왕도 글을 읽고 쓰지 못했을 가능성이 크다.

히타이트 제국에서 주로 사용된 문자는 바빌로니아식(남부 아카드어 방언) 쐐기문자다. 물론 인도유럽어인 히타이트어(네샤어)와 셈어

쿠샤클르 발굴단의 표식. 중앙의 원 안에는 루비어 상형문자로, 아래에는 히타이트어 쐐기문자로 각각 '사리사의 왕'이라고 쓰여 있다.

인 바빌로니아어는 문법으로나 어휘로나 전혀 다른 언어였지만, 히타이트에서는 무슨 이유에선지 바빌로니아식 쐐기문자를 표음문자로 빌려 썼다.

히타이트 제국에는 히타이트어 외에 히타이트어와 친척관계인 루비어, 팔라어 등 인도유럽어('인도유럽 아나톨리아어'로 총칭됨)가 혼재했는데, 이 언어들로 쓰인 쐐기문자 기록도 존재한다.

이중 아나톨리아 서부와 남부에 널리 분포한 루비어는 히타이트 건국 이전부터 독자적인 상형문자를 갖고 있었다. 기원전 14세기 이후 히타이트에 쐐기문자와 함께 루비어 상형문자가 도입되었고, 처음에는 인장에 글씨를 새길 때, 그리고 제국 말기인 기원전 13세기 이후에는 암벽에 비문을 새길 때 루비어가 쓰였다.

그리고 제6장에서도 말했다시피 기원전 1200년경 히타이트 제국이 멸망하고 히타이트어 쐐기문자 사용이 중단된 후에도 약 500년 동안 아나톨리아 동남부와 시리아 북부에서 비문에 루비어 상형문자를 쓰는 전통이 이어졌다(후기 히타이트).

그 외에 히타이트 이전의 아나톨리아에서 쓰였던 하티어, 히타이트 제국이 커지면서 유입된 후르리어 쐐기문자도 함께 쓰였다. 둘 다 계통이 불확실한 언어지만 종교의식에서 특히 많이 쓰였다.

또 히타이트 제국은 메소포타미아 선진 문명의 영향을 받았으므로 수메르어와 바빌로니아어 문서를 필사하거나 단어를 빌려 쓸 때가 많았다. 특히, 수메르어는 문서에 종종 그대로 쓰였는데(앞서 말한 수메로그램) 이것은 현재의 일본어 문서에 한자와 가나 문자가 혼재하는 것과 비슷하다. 수메르어로 표시된 단어들도 히타이트식으로 읽는 법이 있었을 텐데 지금은 발음을 알 수 없는 단어가 많다.

히타이트의 점토판 문서는 모두 공문서이고 사문서가 없다는 것이 특징이다. 심지어 공문서의 대부분이 종교 문서다. 히타이트 문서 중 25% 이상에는 신에게 바치는 제례의 식순이나 공물의 양, 신의 이름이 자세히 기록되어 있다. 만약 누군가가 유적에서 히타이트어 점토판 문서를 주워 와 “이건 어떤 내용일까요?”라고 묻는다면 히타이트어를 읽지 못해도 ‘종교 문서’라고 답하면 된다고 학자들끼리 농담을 주고받았을 정도다. 행정 문서나 경제 문서는 매우 적다.

프랑스 학자 에마뉘엘 라로슈Emmanuel Laroche가 자신의 저서 《히타이

토지 증여 문서
_이난드크 출토,
아나톨리아 문명 박물관

트 문서 집대성Catalogue des Textes Hittites》에 히타이트의 쐐기문자 점토판 문서 목록을 정리했는데, 문서 내용에 따라 CTH라는 앞 글자 뒤에 숫자를 붙여놓았다. 이 작업은 라로슈가 사망한 후에도 계속되고 있어서 현재 833번까지 진행되었다. 이 책에서 히타이트 문서는 '이본(異本, 같은 내용이 쓰인 복수의 점토판 문서)이 있는 문서'와 '이본 없는 단독 문서'로 크게 나뉜다. 이 목록은 현재 독일 뷔르츠부르크 대학의 홈페이지에도 공개되어 있다(https://www.hethport.uni-wuerzburg.de/CTH/).

이본이 있는 문서는 역사 서술, 조약 및 칙령(CTH-147, 211-216), 각종 규정(251~275), 법률(291~292), 천문 점괘와 그 기록(531~535), 찬가와 기노(371~389), 제례(591~721), 의례(391~500), 아나톨리아

신화(321~338), 외래 신화(341~369), 하티어 · 팔라어 · 루비어 · 후르리어 문서(725~791), 말 조련 교본(284~287), 어휘 사전(299~309), 수메르어 · 아카드어 문서(310~316, 792~819)로 다시 나뉜다.

한편, 이본이 없는 문서로는 서간(151~210), 토지 증여 문서(221~225), 목록 및 명부(231~239), 경제 · 행정 문서(240~250), 재판 증언 기록(293~297), 종교 의례의 헌납품 목록(501~530), 천문 이외의 점괘(536~560), 신탁 기록(561~582), 선서(583~590), 문서 목록 · 서가 리스트(276~282), 점토판 수집 라벨(283) 등이 있다.

한편, 메소포타미아 문명에서는 개인적 경제를 다룬 점토판 문서가 압도적으로 많다. 기원전 3000년경 성립 초기부터 그런 문서가 많았고, 심지어 기원전 2000년대 초에 아나톨리아에 왔던 아시리아 상인의 문서도 마찬가지였다. 그에 비해 히타이트 문서는 거의 종교 문서로, 히타이트 고왕국 시대의 토지 증여 문서를 제외하면 경제 문서라고는 찾아볼 수 없다. 왜일까? 원래 존재하지 않았을 리가 없지 않은가.

이 의문의 답은 보아즈쾨이에서 대량으로 출토된 불라(날인된 점토 덩어리)에서 찾을 수 있다. 1991년, 보아즈쾨이 왕궁 터의 남쪽 사면에서 제국기 후반(기원전 13세기)의 유물인 불라 약 3,000점이 집중적으로 출토되었다. 문서 창고로 보였지만 점토판 문서는 출토되지 않았다.

가운데가 불룩하고 중앙에 날인되어 있는 고왕국 시대의 토지 증

제국기 왕들의 인장이 찍힌 불라와 히타이트 고왕국 시대의 토지 증여 문서(가운데 아래)
_이스탄불 공항 박물관

울루부룬 침몰선에서 출토된 밀랍 서판_보드룸Bodrum 수중 고고학 박물관

여 문서는 점토판 하단에 끈이 통과했던 흔적이 있으므로 그 끈 끝에 불라가 연결되어 있었을 것으로 추정된다. 그러나 시대가 흘러 기원전 15세기 이후에는 종교 관련 문서를 제외한 문서 대부분이 '나무판'으로 불렸던 밀랍 서판으로 바뀐 듯하다. 그래서 밀랍 서판은 흙 속에서 부패하여 사라지고 흙으로 된 불라만 출토되는 것이다. 밀랍 서판은 목판에 밀랍을 칠하고 끝이 뾰족한 금속(첨필)으로 밀랍을 세게 긁어 문자를 기록하는 일종의 필기구로, 로마 시대에도 존재했다.

수도 하투샤의 기후 신 신전에서는 서기관 52명이 근무했다고 한다. 서기관은 베껴쓰기, 문서관리, 속기를 담당했고 그중 소수는 고급 관료로 궁정에서 일하며 특히 외교 문제에 관해 왕의 자문 역할을 담당했다. 서기장GAL.DUB.SAR.MEŠ은 왕, 왕비, 왕자, 왕족 다음으로 강한 권세를 자랑하며 '왕자'로 불리기도 했다. 가장 출세한 서기관인 무와탈리 2세 시대의 대서기관 미탄나무와는 수도가 타르훈타사로 변경된 후 구도시 하투샤의 시장Hazannu이 되어 행정을 맡았다. 시장 밑에는 마을 장관LU. MEŠ MAŠKIM.URU-LIM 두 명이 있어서 각자의 관할구역을 다스렸다.

지주와 소작농의 분쟁을 조정했던 마을 장로

관료는 대부분 왕이 직접 임명했지만 관료와 왕 사이의 통신은

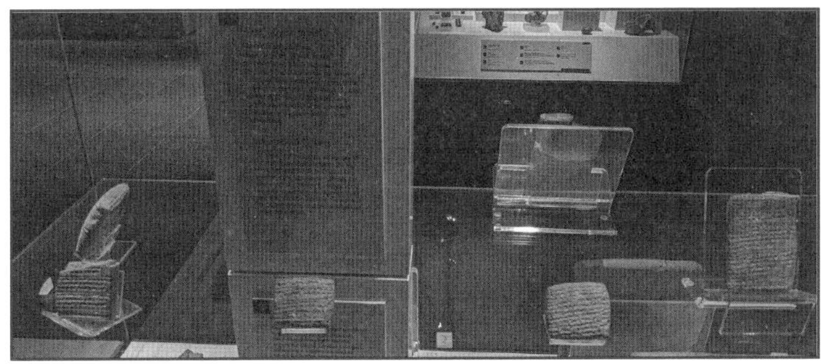

점토판 문서_마사트회위크 출토, 아나톨리아 문명 박물관

서기관의 몫이었다. 지방관의 중요 관직 중에 '*bēl madgalti*'(아카드어에서 기원한 언어라 라틴 문자로 전사할 때 기울임체로 표기함. 히타이트어로는 auriyas ishas)가 있었는데, 직역하면 '탑의 주인', 현대식으로 말하면 '지사'라는 뜻으로, 변방의 치안 유지와 방위를 담당하는 요직이었다. 그 외의 요직으로는 왕의 복심 중에서 선발되어 각 처소에 배치된 '봉인의 집' 관리인Lu. Meš Agrig, 즉 재무관, 그리고 왕의 형제나 왕자 중에서 선발되어 큰 영향력을 행사한 근위대장GAL MEŠEDI, 시종장 혹은 비서장(나중에 군사령관과 동의어가 됨)에 해당하는 술 맡은 자GAL GEŠTIN 등이 있었다.

마사트회위크(고대명 타비가)에서 기원전 14세기의 점토판 문서 116점이 출토되었는데 그중 96점이 대왕이 군 감찰관이나 타비가 지사에게 보낸 편지였다. 이것이 당시 지방 행정의 실태를 알려주는 귀중한 사료가 되고 있다. 지사는 매일 저녁의 성문 폐쇄, 목재 공급, 화재 때 귀중품 반출, 큰길 감시, 수확 진척 보고, 인프라 관리, 징세, 사법, 순찰 등 많은 역할을 맡았다. 특히 타비가는 카스카 족과 대치하는 최전선이자 중대한 방위 거점이어서 지방관이 할 일이 많았을 것이다.

참고로 보아즈쾨이를 제외하고 점토판 문서가 수천 장 단위로 출토된 곳은 왕이 머무르는 왕도(제2의 수도)였던 오르타쾨이(고대명 사피누와)뿐이다.

히타이트의 도시는 주위 마을의 구심점으로도 기능했다. 마을 장로회가 마을의 사법, 종교 행위를 관장하면서 지역의 중심 도시에 있는 지사와 연락을 취하는 방식이었다. 이 '마을 장로'들은 주민들이 토지를 효과적으로 이용하도록 하고 징세를 관리하며 지주와 소작농의 분쟁을 조정했다. 그러다 문제가 심각할 때는 지사에게 판결을 의뢰하기도 했다. 또 왕은 지사가 부자에게 유리하게 판결하지 않도록 지사들을 지도하고 감시했다. 상소를 올려 왕에게 직접 판결을 받을 수도 있었던 듯하다.

히타이트 사람들은 대부분 소, 양, 돼지, 염소 등 가축과 곡물, 채소, 과일을 한꺼번에 키우는 소규모 자영 농민이었을 것이다. 토지는 거의 소규모로 소유했으며 대부분은 공유지나 부농에게서 토지를 빌려 농사를 지은 것으로 보인다. 적게나마 남아 있는 토지 증여 문서를 참고하면, 큰 땅을 소유한 대규모 지주는 대부분 왕에게 행정이나 전쟁에서 공을 세우고 토지를 하사받은 사람이거나 신관이었다. 토지 소유자는 생산품 및 노역으로 공납 의무를 다해야 했다.

물건 가격에서부터 민법과 형법까지 다룬 히타이트 법전

히타이트 법전은 히타이트의 사회상을 보여주는 귀중한 자료다. 총 200조로 이루어져 있는데, 고왕국의 텔레피누 시대에 처음 제정되고 투드할리야 4세 때도 개정된 듯하다. 몇 번의 개정이 이뤄지는 동안 대체로 형벌이 가벼워지고 보상 수단이 현물에서 금전(은)으로 바뀌는 경향이 관찰된다. 재판관[LU]DUGUD이나 지방 재판관[LÚ] MAŠKIM.URU[KI](아카드어로는 rabisu)들은 이 법에 기반하여 분쟁을 해결했다.

법으로 물가도 정해져 있었는데, 초기 법전에서는 은 1세겔(12.5g)의 가치에 해당하는 것으로 '포도주 2파리수(1파리수는 큰 항아리 1개분=약 40~50ℓ), 밀 3파리수, 보리 6파리수, 동 160세겔, 도시에서 가까운 농지 3분의 1이쿠(1이쿠는 0.3ha, 약 900평), 도시에서 먼 농지 3분의 2이쿠, 두메산골의 농지 1이쿠, 소 두 마리 12일간 대여, 쟁기용 소 한 마리 30일간 대여, 남성 노동자 1명 18일간 수확 작업에 동원, 여성 노동자 30일간 작업에 동원' 등을 나열했다. 또 소 한 마리는 성별이나 나이에 따라 4~15세겔, 양 한 마리는 1세겔, 염소 한 마리는 2세겔, 말 한 마리는 14세겔로 정해져 있었다.

법전이라기보다 판례집에 가까운 히타이트 법전은 잘 알려진 함무라비 법전(기원전 1750년경)과는 차이점이 많다. 우선 같은 수단으로 복수하는 법이 존재하지 않으며 피해자에 대한 보상에 전체적으

히타이트 법전
_이스탄불 고고학 박물관

로 무게가 실려 있다(자유민끼리의 상해죄 배상액은 20세겔). 다만 신분이나 죄의 무게에 따라 판결이 달라졌다.

히타이트 법전은 과실 살인, 상해, 유괴, 절도, 기물 손괴, 저주, 부당한 성관계 등의 범죄에 관한 형법을 포함하며, 혼인에 관한 민법, 물가 규정도 다룬다. 다만, 강간에 관한 조항이 하나뿐인 것에서 볼 수 있듯 형법의 범위가 한정적이고, 상법과 상속법은 포함되지 않았다. 따라서 여기에 해당하는 사건들은 성문법이 아닌 관습법으로 판결한 듯하다.

히타이트 사회에도 노예는 있었다. 노예는 노예 시장에서 거래되었으며 부채 때문에 노예가 되는 자유민도 있었다. 후자의 경우 연고자가 빚을 대신 갚아주면 자유민으로 돌아갈 수 있었던 듯하다. 또 살인죄를 범한 자가 피해자 가족의 노예가 되기도 했다. 후기 히타이트 법전에서 정한 바에 따르면 비숙련 노예는 성별에 상관없이 은 20세겔(말과 같은 가격), 점술에 능한 노예는 25세겔, 도공 · 대장장이 · 목수 · 피혁공 · 방직공 등 기능을 보유한 노예는 은 30세겔로 값이 정해져 있었다.

자유민과 노예는 판결도 다르게 받았다. 노예를 다치게 한 대가는 노예 본인이 아닌 주인에게 치러야 했다. 노예끼리의 결혼뿐만 아니라 노예와 자유민의 결혼도 금지되지는 않았으니, 결혼은 자유로운 편이었다. 다만, 자유민 여성과 결혼해도 노예 신분이 바뀌지 않는 등 엄격한 차별은 존재했다.

일정한 권리는 있었지만 역시 노예의 생사여탈권은 주인에게 있었다. '주인의 분노를 산 노예는 죽이거나 코 · 눈 · 귀 중 하나를 빼앗는다. 노예의 가족, 즉 아내 · 자식 · 형제 · 자매 · 의붓형제도 남녀를 막론하고 (중략) 주인이 죽음을 바란다면 함께 죽일 수 있다'라는 조문으로 보아 노예의 처지가 매우 어려웠음을 알 수 있다.

최대의 노예 공급원은 남라NAM.RA, 즉 전쟁 포로 및 강제 연행된 적국 국민이었다. 이들은 대부분 왕의 소유물이 되어 신전이나 군대에서 일하거나 변방으로 이주당했다.

제8장

군사 행동보다 제사를 더 중요시한 나라

적국의 신까지 받아들인 '천千 가지 신'의 세계

앞 장에서 말했듯이 히타이트 왕은 신의 뜻과 보호 아래 국가에 군림했으므로 신에 대한 제사가 가장 중요한 임무였다. 심지어 군사 행동보다 제사가 우선될 때가 많았다. 왕은 왕권을 정당화하기 위해 신에게 봉사해야 했고 신에게 공물을 바치며 수많은 의례를 진행해야 했다.

만약 부정한 공물을 바치거나 원정 등으로 자리를 오래 비워 의례를 빠뜨리면 흉작, 전염병 등의 신벌이 내린다고 믿었다. 그래서 신의 기분을 살피려고 점을 치기도 했다. 그 단적인 예가 재위 기간 내내 전염병이 창궐한 탓에 국민 대부분이 죽은 무르실리 2세(기원전 1300년 전후)의 경우다. 무르실리는 즉위 전부터 이어졌던 전염병이 잠잠해지지 않는 이유를 신탁으로 물었다. 그러자 아버지 수필룰리우마 1세가 형제인 선왕을 죽이고 즉위하는 등 악행을 저질렀기 때문이라는 답을 받았다. 이에 더러움을 씻는 제사를 지냈는데도 전염병이 가라앉지 않자 무르실리는 다음과 같이 신들에게 한탄하는 글을 남겼다.

'하티국 백성이 모두 죽고 아무도 남지 않아 당신들(신들)에게 음식을 바칠 자도 없어졌습니다. 신의 밭을 갈고 수확할 자들이 다 죽었습니다. 공물인 빵가루를 가는 자도 죽어 공물로 바칠 빵을 만들 수 없게 됐습니다.'

신과 왕이 어떤 관계였는지 짐작하게 하는 글이다.

히타이트의 왕은 살아 있을 때는 신이 아니라 신의 대리인에 불과했지만 죽고 나면 '신이 되어' 신들의 세계에 편입된다고 여겨졌다. 단, 하투실리 1세, 투드할리야 1세, 수필룰리우마 1세처럼 뛰어난 군주는 예외적으로 생전부터 사람들이 그들의 상을 만들고 신처럼 숭배한 듯하다. 하지만 상을 나무로 만든 때문인지 실물은 남아 있지 않다.

히타이트의 종교는 전반적으로 자연을 경외했다는 점과 자연계의 신들을 진정시키고 받들기 위한 옥외 조형물 같은 시설을 많이 지었다는 특징이 있다. 자연을 경외한 것은 고대 오리엔트의 공통 관념이었다. 눈 녹은 물과 빗물에 의존하는 등 변동성 강한 천수 농경이 히타이트 제국의 경제를 지탱했기 때문일 것이다.

또, 히타이트에는 '하티의 천신千神'이라는 말이 전해 내려올 만큼

점술에 쓰인 동물의 간 모형_아나톨리아 문명 박물관

다양한 신이 존재했다. 실제 숫자는 천에 약간 못 미치지만, 아나톨리아 사람들은 도시, 산, 샘 등 다양한 장소에 신이 있다고 믿었다. 게다가 신들의 유래도 히타이트 이전에 있었던 하티인(제1장 참조)의 신, 히타이트인(네샤어를 쓰는 사람들)의 신, 히타이트와 언어적으로 가까운 루비인의 신, 그리고 정복으로 히타이트에 편입된 후르리인의 신 등으로 매우 다양했다. 심지어 예전에는 적국이었던 후르리의 신들이 히타이트 제국 말기에 주요한 지위를 차지했다.

그런데 히타이트가 제국을 건설할 수 있었던 이유를 '철과 경전차'로 생각하는 사람이 많다. 설사 이 견해가 옳다고 해도 군사 기술 분야에 한정된 견해일 뿐이다. 개인적으로는 히타이트가 아나톨리

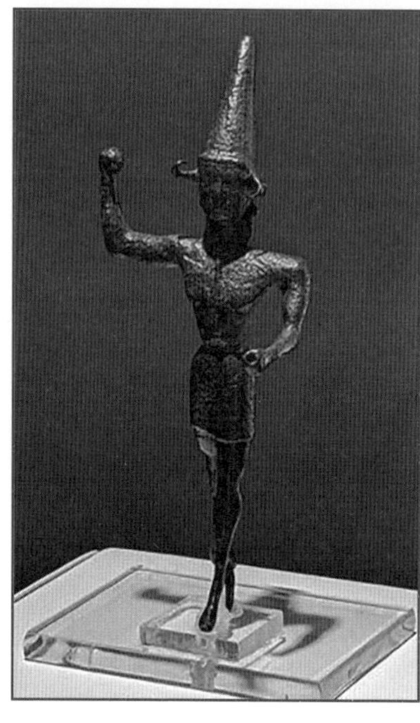

기후 신상
_뫼블레크 출토,
아나톨리아 문명 박물관

아의 다양한 민족을 통합하기 위해 피정복민의 신들을 자국 신들의 세계에 편입시킨 덕분에 제국을 건설할 수 있었다고 생각한다. 그것이 히타이트의 강점이었던 동시에, 어디까지나 추측이지만, 멸망을 초래한 급소이기도 했을 것이다.

히타이트 제국 신들의 세계는 수백년 동안 끊임없이 변화했다. 고왕국 시대에는 히타이트의 발상지이자 '붉은 강'으로 둘러싸인 지역인 하티의 신들이 있었다. 그때의 최고 신은 기후 신으로, 히타이트어로는 타르훈나, 하티어로는 타루로 불렸다.

하투실리 1세 시대에는 아린나의 태양 여신이 최고 신에 추가되

수소 두 마리가 끄는 전차에 탄 기후 신(맨 왼쪽)과 기후 신(가운데)에게 예배하는 왕들의 모습_아르슬란테페 출토, 아나톨리아 문명 박물관

었고 기후 신은 루비어로는 타르훈타로 불리며 수소를 탄 모습으로 그려졌다. 그리고 히타이트의 영토가 시리아 쪽으로 확대되자 신들의 세계도 확대되어 하티의 농경 신 텔레피누, 전쟁과 사랑의 여신, 전염병의 신 이야리, 강의 신, 샘의 신, 산의 신, 짐승과 수렵의 신 등이 새로 추가되었다.

중왕국 시대 이후에는 미탄니 왕국 사람들이 믿었던 후르리계 신들이 합세했다. 특히 중요한 신이 기후 신 테슙, 그의 아내인 태양 여신 헤파트, 테슙의 자매이자 전쟁과 사랑의 여신인 샤우슈카(메소포타미아 북부 니네베의 여신 이슈타르와 동일)인데, 테슙은 하티의 기후 신과, 헤파트는 아린나의 태양 여신과 동일시되며 최고 신으로

기후 신의 전차를 끄는
수소 후리와 셰리를
본떠 만든 용기
_보아즈쾨이 출토,
아나톨리아 문명 박물관

모셔졌다.

이 무렵부터 히타이트 제국의 신들이 '천千'에 가까워졌다. 신들의 세계가 재편성되면서 처음에는 헤파트 여신의 배우자였던 샤루마 신이 그 아들로 강등되기도 했다.

최고 신인 타르훈나(타르훈타, 테슙)는 수소의 등 위에 서 있는 모습 외에 수소 두 마리(이름은 셰리와 후리)가 끄는 전차에 탄 모습으로도 그려졌다. 사람들은 기후 신이 천둥, 번개, 비, 폭풍을 일으킨다고 믿었고, 특히 수소들이 전차를 끌 때 천둥소리가 난다고 생각했다. 단, 루비어를 쓰는 서약 의례에서는 기후 신이 메소포타미아에서처럼 소가 아닌 말이 끄는 전차에 탄 모습으로 그려지기도 했다. 기후 신은 비를 관장하여 농경을 좌우하므로 천수 농경 지역인 아나톨리아에서는 인간의 사활을 좌지우지하는 중요한 신이었다.

기후 신의 자매인 이슈타르는 수메르 신화의 이난나와 같은 여신이다. 이난나는 메소포타미아의 전통에 따라 금성으로 상징되었다. 새벽에 뜬 금성은 전쟁의 상징, 저녁에 뜬 금성은 성애의 상징이었다.

히타이트 신화에는 다양한 요소가 섞여 있어서 매우 흥미롭다. 예를 들면, 기후 신이 이를루양카 용을 퇴치하는 이야기처럼 인도유럽어 사용자 히타이트인에게서 유래한 요소, 아나톨리아의 전통적 지모신地母神 신앙(땅의 태양 여신)에서 유래한 요소, 후르리인 등 메소포타미아와 시리아에서 유래한 요소, 그리고 쿠마르비 신화에 나타난 신들의 세대 간 대립처럼 고대 그리스 신화와 통하는 요소 등이다. 그러나 신화 이야기는 필자의 전문 분야와 능력 범위를 넘어서므로 여기서 자세히 다루지는 않을 것이다.

오랜 기간에 걸쳐 성대하게 치러진 제례의식

히타이트는 달력에 제례가 165번이나 있었으니 제례용 공물 등을 마련하기 위한 경제적 지출이 상당했을 것이다. 심지어 그 제례 대부분이 매년 혹은 그 이상의 빈도로 개최되었다. 기간은 짧으면 몇 시간, 길면 한 달 이상이라 왕이 전부 주최할 수 없었으므로 왕족 등의 대리자가 실시할 때가 많았다. 또 왕이 전부 집행하기 어려

기후 신과 그 아들 샤루마가 퇴치한 이를루양카 용을 표현한 부조_아르슬란테페 출토, 아나톨리아 문명 박물관

울 때는 신탁으로 기분이 언짢은 신의 이름을 물어 그 신에 대한 제례를 우선으로 집행했다.

제례는 수도 하투샤뿐만 아니라 다른 도시나 성소에서도 열렸는데, 여기에는 왕이 지방을 방문하여 관리들을 시찰하고 위로하거나 왕의 권위를 과시하는 등의 현실적 목적도 있었을 것이다. 참고로 우리가 지금 '히타이트 신화'로 알고 있는 이야기들은 신화나 문학 작품에 나온 것이 아니라 신화의 장면을 제례에서 재현하기 위해 적어놓은 식순이나 찬가에 나온 것들이다.

히타이트 제국의 양대 제례는 봄의 안타숨과 가을의 눈타리아샤로, 소위 국가 규모의 풍작 기원제와 수확 감사제라 할 수 있다. 이 대형 제사는 군사 행동을 중단하고서라도 왕이 꼭 집행해야 했다.

안타숨은 수메르어(수메로그램)로, 봄을 상징하는 식물의 이름이다. 이 식물은 크로커스 또는 회향으로 추측된다. 제례 중에 금으로 만든 이 식물의 모조품을 1미나(약 500g) 이상 바친 데서 이런 이름이 붙은 듯하다. 안타숨은 35~40일 동안 대왕과 대왕비가 수도 하투샤 외에 텝푸나 · 아린나 · 타위니야 · 하잇타 · 피스쿠루누와산 · 하라낫사 · 지팔란다 · 타하산 · 앙쿠와를 순행하며 각지의 신들에게 제사를 지낸 대규모 행사였다. 이 신들은 아린나의 태양 여신을 비롯하여 각 도시에서 숭배받던 지방 신들을 말한다. 하지만 각 마을과 성소가 실제로 어떤 장소, 유적에 해당하는지는 거의 밝혀지지 않았다.

하투샤에서 실시된 중요한 제례로는 키람이 있다. 수메르어로 '문門의 건물'이라는 뜻인데, 하티인의 제례에서 기원한 것으로 히타이트 명칭은 '힐람마르'였던 듯하다. 이 제례에서는 왕과 왕비가 3일에 걸쳐 주로 하투샤 시내의 신전(다른 도시의 신도 모셔져 있음)과 성문을 돌며 문의 신에게 공물을 바치고 벌거벗은 인간과 동물, 혹은 그 상에 깨끗하게 하는 샘물을 뿌렸다. 이것은 농경과 수렵의 풍요를 기원하는 제사로 연주, 춤, 성대한 행렬을 동반했으며 표범이나 개로 분장한 인물 또는 철제나 금제 창과 기후 신의 상징인 도끼가 주인공으로 등장했다.

다른 중요한 제례로 하투샤에서 출발하여 아린나(유적 미발견) · 지팔란다(현재 우샤클르회위크로 추정) · 네리크(오이마아아치 유적으로 추정) 등의 도시를 한 달에 걸쳐 순행하는 푸룰리 혹은 푸룰리야가 있었는데, 선주민인 하티인에게서 기원한 제례여서 하티어로 찬가를 불렀다. 이 제례는 봄, 즉 신년에 치러졌는데, 기후 신 테슙이 이

보아즈쾨이(하투샤)의 '높은 마을'에 늘어선 신전 터

를루양카 용을 무찔렀다는 신화를 낭독하거나 연기로 재연하는 의식을 통해 힘든 겨울이 끝나고 다가올 농번기의 결실을 기원하는 동시에 신들의 왕인 기후 신이 히타이트 왕에게 왕권을 부여했음을 대중에게 각인시켰다. 이 푸룰리와 비슷한 것이 이후 아시리아가 제국 시대에 천지 창조 신화 '에누마 엘리쉬'에 기반하여 실시했던 제례인 아키투다.

한편, 이수와는 기원전 13세기에 하투실리 3세의 왕비 푸두헤파가 시작한 비교적 새로운 제례다. 이수와는 제국 남부에 많이 살았던 후르리인에게서 유래한 제례로 부정기적으로 9일간 개최되었으며 키주와트나국의 기후 신 마누지에게 바쳐졌다. 푸두헤파는 키주

보아즈쾨이의 대신전 입구

와트나국 라와잔티야 마을의 신관 가문 출신이자 신들의 세계인 판테온을 직접 재편한 인물로, 이 제례를 통해 왕가, 특히 하투실리 3세 개인의 건강을 기원했다고 한다.

아시리아 제국에도 도입된 신전 건축 양식

신전은 이런 제례들의 주요 무대가 되었다. 수도 하투샤의 북쪽 절반인 '낮은 마을'에는 1호 신전인 대신전이, 남쪽 절반인 '높은 마을'에는 30개 이상의 신전이 있었다. 이 신전들은 높은 곳에서부터 낮은 곳으로 순차적으로 건설된 듯하다. 왜 신전 대부분이 '높은 마

보아즈쾨이, 대신전의 지성소. 막다른 골목에 돌로 둘러싸인 거대한 신상이 있었던 듯하다.

을'에 지어졌는지는 밝혀지지 않았지만, 어쨌든 제국이 확장되면서 늘어난 신들을 모시기 위해 하나씩 지어졌을 것으로 추측된다. 그러나 이 신전들 대부분이 기원전 1300년경에 수도가 타르훈타사로 잠시 바뀌었을 때 완전히 버려진 듯하다.

히타이트의 신전은 일정한 건축 양식으로 지어졌다. 모든 신전의 중앙에는 지붕 없는 중정이 있으며 일부 대형 신전에서는 중정을 열주로 둘러싸기도 했다. 히타이트어로 중정을 힐라라고 하며 열주로 둘러싸인 공간을 힐람마르라고 했던 듯한데, 이 히타이트어가 나중에 아시리아 제국에 채용되어 아시리아의 건축 양식을 뜻하는

'비트힐라니'(힐라니의 집)라는 단어를 낳았다. 아시리아인이 '히타이트풍'으로 생각한 건물이라는 뜻이지만, 자세한 내용은 명백하게 알려지지는 않았다. 그리고 아시리아가 후기 히타이트로부터 물려받은 건축 양식이 또 하나 있는데, 문과 입구 양쪽에 사자 등 석제 거상을 배치하는 것이다.

히타이트 신전은 입구에서 멀리 떨어진 맨 안쪽에 신상을 두고 예배하는 방인 지성소를 배치했다. 지성소로 가는 길은 반드시 한 번 이상 꺾이도록 해서 입구에서 지성소를 보지 못하게 지어졌다. 입구에 경비실 비슷한 것이 있는 것을 보면 외부인, 즉 몸을 깨끗하게 하지 않은 부정한 자의 출입을 엄격히 관리한 듯하다. 지성소 옆의 작은 방에는 신(신상)이 잠을 자고 몸을 깨끗이 씻는 데 필요한 도구와 공물을 보관했던 모양이다. 당시 사람들은 신들이 인간과 똑같은 것을 먹고 똑같이 잠을 잔다고 생각했다.

신전마다 지성소는 기본적으로 하나씩 있지만, 하투샤의 대신전과 5호 신전에는 예외적으로 지성소가 두 개 있다. 이에 관해서는 하티의 기후 신과 아린나의 태양 여신의 지성소가 제각기 따로 설치되었다고 주장하는 사람도 있었다. 그러나 하나의 신전에서 여러 신에게 제사를 지냈던 사례도 있으므로 그 주장 역시 어디까지나 추측에 불과하다.

의례의 식순을 기록한
점토판 문서
_아나톨리아 문명 박물관

아직까지 발견되지 않은 히타이트 왕묘

신전에는 많은 '직원'이 근무했다. 불완전하게나마 남아 있는 목록을 참고하면 신전에는 신관은 물론이고 서기관, 악사, 가수, 제례에 사용할 도구를 제작하는 도공, 직공 등이 있었다. 특히, 음악을 맡은 사람이 놀랄 만큼 많았다. 모두가 신전에 기거하지는 않았지만, 어쨌든 신전은 신이 혼자 지내는 텅 빈 '신의 집'이 아니라 신관을 비롯한 관계자들이 관리하며 함께 사는 집이었을 가능성이 크다. 쿠샤클르 유적 발굴단장이자 필자의 지도교수였던 안드레아스 뮐러 카르페Andreas Müller Karpe 교수도 "히타이트의 신전은 중세 유럽으로 말하자면 교회보다는 수도원에 가깝다"라고 자주 말했다.

제례 장면을 표현한 항아리
_이난드크 출토,
아나톨리아 문명 박물관

당시 제례의 실제 식순이 점토판 문서에 상세히 기록되어 있다. 어떤 형태인지는 대부분 알 수 없지만, 사용된 기구나 의복 색까지 적어두었으므로 땅속에서 부패해 사라진 유물에 관한 귀중한 정보도 제공해준다. 하지만 제례 풍경이 그려진 자료는 거의 남아 있지 않다.

형상이 그려진 몇 안 되는 자료 중에 이난드크에서 출토된 항아리가 있다. 고왕국 시대인 기원전 17세기경(또는 16세기)에 만들어진 이 항아리는 높이 82cm의 바깥면이 4단으로 나뉘어 있고 단별로 그림이 채워져 있다. 맨 아래에는 술을 준비하고 수금과 만돌린 같은 현악기를 연주하는 모습, 그 위에는 술잔치를 벌이고 악기를 연주하며 기후 신의 상징인 소 형상의 신상에 예배하는 모습, 그 위에

주먹 모양 은그릇
_보스턴 미술관

는 탬버린 등 악기를 연주하고 제단 옆에서 성혼 의례를 하는 모습, 맨 윗단에는 연주하고 곡예 춤을 추는 모습과 성혼 의례 후 동침 장면이 그려져 있어서 히타이트의 제례를 시각적으로 상상하기 쉽다. 비티크와 휘세인데데에서 발견된 비슷한 항아리들도 전부 히타이트 고왕국 시대의 유물이다.

또, 히타이트 중왕국 시대의 고고학 자료로는 뉴욕 시멜 컬렉션Schimmel Collection이 소장한 사슴 모양 은그릇과 보스턴 미술관이 소장한 주먹 모양 은그릇이 있다. 이 은그릇들의 입구 부분에 새겨진 제례 장면을 통해 제단이나 신상 혹은 그 상징인 수소 및 사슴상에 하타인들이 어떻게 예배했고 어떤 식으로 관전灌奠(신에게 바치기 위해 물이나 술을 지면에 붓는 의례)했으며 악기를 어떻게 연주했는지 떠올

후기 히타이트 시대의 부조로, 기후 신(왼쪽) 앞에서 왕이 관전하고 그의 종이 염소를 제물로 바치는 모습_아르슬란테페 출토, 아나톨리아 문명 박물관

릴 수 있다. 하지만 아쉽게도 이 은그릇들이 정확히 어디서 출토되었는지는 밝혀지지 않았다.

또 알라자회위크의 스핑크스 문을 밖에서 마주했을 때 보이는 왼쪽 벽면에는 제례로 추측되는 일련의 장면이 부조로 새겨져 있다. 소 모양 신상에 예배하는 모습, 염소와 양 등 제물을 바치는 모습, 신관이 행진하는 모습, 사다리를 오르는 모습, 검을 삼키는 등 곡예를 보여주는 모습, 악기를 연주하고 행진하는 모습 등이 그것이다. 이 스핑크스 문은 기원전 14세기 또는 제국 말기인 기원전 13세기에 만들어진 것으로 추정된다.

히타이트의 독특한 의례 장소로는 앞서 언급한 옥외 성소가 있

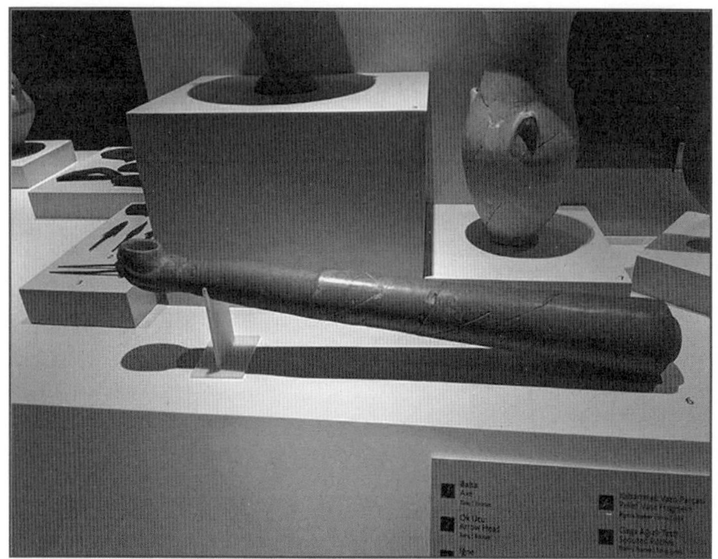

관전에 쓰인 토기_보아즈쾨이 출토, 아나톨리아 문명 박물관

제례의 곡에 장면이 새겨져 있는 알라자회위크의 성문 옆 석벽_아나톨리아 문명 박물관

다. 제례를 실시하여 자연계의 신들을 진정시키고 받드는 시설이다. 특히 산 또는 그 축소판인 바위Huwaši는 기후 신이 나타나고 물이 흘러나오는 장소이며 신들이 사는 세계로 통하는 입구로 여겨졌다. 그래서 자연의 바위산이나 수원지水源地 등에 성소가 지어졌다.

물가의 성소, 즉 수변 성소는 하투샤의 왕궁 또는 도시에 주로 설치되었는데, 도시 밖에도 수변 성소가 있었다. 일례로 지방 도시 쿠샤클르(고대명 사리사) 마을에서는 남쪽으로 2.5km 떨어진 산 중턱에 지름 150m의 원형 연못을 인공적으로 만들고 연못 근처에 후와시라는 신성한 바위를 놓아 예배 대상으로 삼았다. 쿠샤클르에서 출토된 점토판 문서에 따르면 여기서 산의 신 쿠피트에게 1년에 두 번씩 제사를 지냈다고 한다.

기원전 13세기 이후 돌을 쌓은 수변 성소가 만들어지기 시작했는데 튀르키예 남부의 에플라툰프나르가 대표적이다. 이곳은 투드할리야 4세가 지었다고 하지만, 비문 등이 없어서 확실한 건축 시기는 알 수 없다. 현장을 살펴보면 수원 근처에 한 변이 30m 정도 되는 인공 연못이 있고 그 북쪽 절벽에 폭 7m, 높이 4m 정도의 돌이 쌓여 있다. 그 돌에 기후 신과 태양 여신이 새겨진 기둥 두 개가 있고 그 주위에 친족 신들이 새겨진 돌이 조합되어 있다. 또 두 기둥의 발밑에 해당하는 물에 잠긴 부분에는 산의 신이 새겨져 있고 산의 신이 두른 치마의 뚫린 구멍으로 물이 흘러나오게 되어 있다. 산 능선에서 폭풍과 비구름이 일어나고 태양이 뜨며 산에서는 물이 솟

사리사가 내려다보이는 산 중턱에 있는 신성한 연못의 흔적. 사진 왼쪽 아래에 '후와시'를 모신 신전이 있었을 것으로 추정된다.

에플라툰프나르의 수변 제사 유적

아나는, 그야말로 히타이트의 자연관을 축약해서 보여주는 시설이라 할 수 있다.

다른 수변 제사 성소로는 투드할리야 4세의 부모인 하투실리 3세와 푸두헤파가 프락튼에 지은 '샘의 성소', 투드할리야가 얄부르트와 카라쿠유에 조성한 저수지, 투드할리야의 아들이자 최후의 히타이트 대왕인 수필룰리우마 2세가 하투샤 시내의 저수지 제방 바깥쪽에 지은 사당 등이 있다.

이번 장을 시작하면서 히타이트 왕은 죽으면 '신이 된다'라고 표현했지만, 히타이트의 왕묘는 아직 발견되지 않았다. 다만, 발굴된 문서 사료에는 왕의 장례 식순이 상세히 기록되어 있고, 수메로그램 표기로 E^{NA4}.DIN-GIRLIM(신의 돌집) 또는 E^{NA4}–hekur–(산꼭대기)라는 단어가 등장하는데, 추측하기로는 둘 다 '왕묘', '왕의 사당'을 뜻하는 듯하다. 아마 보아즈쾨이 시내에 있는 암석, 혹은 보아즈쾨이 북동쪽 2km 거리에 있는 석굴(石窟. 바위에 뚫린 굴) 성소인 야즐르카야가 왕묘일 것으로 추측된다. 야즐르카야는 튀르키예어로 '글씨가 적힌 돌'이라는 뜻이다.

야즐르카야에는 기원전 15세기부터 석굴 성소가 있었던 듯하지만 지금 있는 암벽의 부조는 기원전 13세기 이후에 새겨졌다고 한다. 이 성소는 천연 바위나 암벽으로 분리된 4개의 방(A~D)으로 이루어져 있는데, A실에는 기후 신 테슙과 태양 여신 헤파트를 비롯한 63명의 신들이 새겨져 있고 한쪽 구석에는 투드할리야 4세의 이

봄의 제례가 진행되었을 것으로 추측되는 야즐르카야 A실 석굴 성소

테슙과 헤파트가 만나는 모습이 새겨진 야즐르카야 A실의 암벽

야즐르카야 A실과는 달리
폐쇄적인 야즐르카야 B실

름이 새겨져 있다. 이 방에서 봄의 제례가 집행되었다는 이야기도 있다.

한편, 옆의 B실에는 명계冥界의 신 네르갈처럼 보이는 검 형상의 신상이 있고, 12명의 신들이 행진하는 모습과 샤루마 신에게 보호받는 투드할리야 4세의 모습이 바위에 새겨져 있다. 현재 이 방 입구에 있는 돌 받침 위에는 원래 신상(신이 된 투드할리야 4세의 상일까?)이 놓여 있었을 듯하다. 이 방은 신이 된 조상 투드할리야 4세에게 제사를 지냈던 곳으로 보인다. 아들 수필룰리우마 2세의 문서에도 '짐은 영구히 존속할 성소를 건설하고 상을 만들라고 명했다. 그리고 이 상을 영구히 존속할 바위 성소로 옮겨 세웠다'라고 기록

갸우르칼레의 바위 표면에 새겨진 두 남신상

갸우르칼레 석실 유적

되어 있기 때문이다.

튀르키예의 수도 앙카라에서 남서쪽으로 60km 떨어진 한적한 시골에 있는 갸우르칼레(튀르키예어로 '이교도의 성') 역시 명계의 신에게 제사를 지냈던 곳으로 보인다. 천연 바위산 정상에 거석을 조합하여 만든 횡혈식 석실 같은 구조물이 있고, 그 하부의 바위 표면에는 높이가 3m 이상인 거대한 남신 두 명이, 그 왼쪽에는 의자에 앉은 여신이 부조로 새겨져 있다. 이 석실은 묘실처럼 보이기도 한다. 내부가 텅 비어 있고 비문도 없어서 건축 시기나 용도를 알 수 없지만 '신의 돌집'으로 불릴 만하다. 여기서 횡혈식橫穴式은 지면과 수평으로 판 길을 통해 널방으로 들어가는 무덤 양식을 말한다.

또, 일반 서민의 묘도 있다. 보아즈쾨이 근교의 오스만카야라는 바위 그늘에서 화장묘와 옹관묘甕棺墓(시체를 큰 독이나 항아리 따위의 토기에 넣어 묻는 무덤)가 뒤섞인 히타이트 고왕국 시대의 묘지가 발견된 것이다. 하지만 수백 년간 10만 명이 살았던 도시 치고는 작은 규모다. 그렇게 보면 히타이트 시대의 묘는 아직까지 제대로 발굴되지 않은 셈이다.

제9장

히타이트는 과연 '철의 왕국'이었을까?

히타이트 제국이 '철의 왕국'으로 알려진 이유

히타이트 제국을 '철기와 경전차를 도입하여 고대 오리엔트의 대국이 된 나라'로 설명하는 사람이 많다. 한국과 일본의 문헌에서는 '철의 왕국'이라는 표현도 자주 쓴다. 경전차를 도입한 것은 사실이라 쳐도, 철기를 일찍 도입한 것도 사실일까?

과연 히타이트는 언제부터 '철의 왕국'으로 불리게 되었을까? 19세기에 히타이트 제국이 '재발견'되고 1915년에 처음으로 히타이트어가 해독된 후, '철'이라는 단어가 많은 점토판 문서에 등장한다는 사실이 밝혀졌다. 히타이트 제국은 고고학적으로 철기 시대(기원전 1200년경 이후)가 시작되기 이전인 후기 청동기 시대에 존재했던 나라여서 이 사실이 큰 주목을 받았다. 그중에서도 보아즈쾨이에서 발굴된 다음 문서가 큰 반향을 일으켰다.

당신이 쓴 '양질의 철'에 관한 이야기인데, 키주와트나에 있는 우리 '봉인의 집'에는 '양질의 철'이 없습니다. 지금은 '양질의 철'을 생산하기에 좋지 않은 시기입니다. 철을 생산하고는 있지만 아직 완성되지 않았습니다. 그래도 차차 당신에게 보내겠습니다. 지금은 철검 한 자루를 보내겠습니다.

- KBo I-24' Vs. 20-24: 보아즈쾨이에서 출토된 점토판 문서

이 문서는 히타이트 제국 후반인 기원전 13세기의 히타이트 왕 하투실리 3세가 미묘한 경쟁 관계였던 아시리아 왕에게 보낸 편지(사본)로 추정된다. 이 문서에서 키주와트나와는 당시 히타이트의 일부였던 현재 튀르키예 남부 지역이고, '봉인의 집'은 앞서 말한 대로 히타이트 각지에 있었던 국가 창고 혹은 기관을 뜻하며, '그들'은 히타이트 왕의 직속 관리들을 가리킨다.

이 문서를 해독한 히타이트 학자는 당시 히타이트와 아시리아가 미묘한 경쟁 관계였으므로 하투실리가 당시 거의 알려지지 않았던 철제 기술을 경쟁자인 아시리아에게 숨기기 위해 이렇게 핑계를 댔다고 해석했다. 하지만 아나톨리아에서는 겨울에 눈이 상당히 많이 내리므로 실제로 조업이 어려웠다. 적힌 대로 해석한다면 이 편지도 겨울에 작성되었을 것이다.

그러나 최초의 해석에서 출발한 속설이 지금까지 이어지고 있다. '히타이트는 철제 기술을 외부와 공유하지 않고 독점하려고 했으나 비밀이 누설되는 바람에, 혹은 히타이트 제국이 멸망한 후 그 비밀

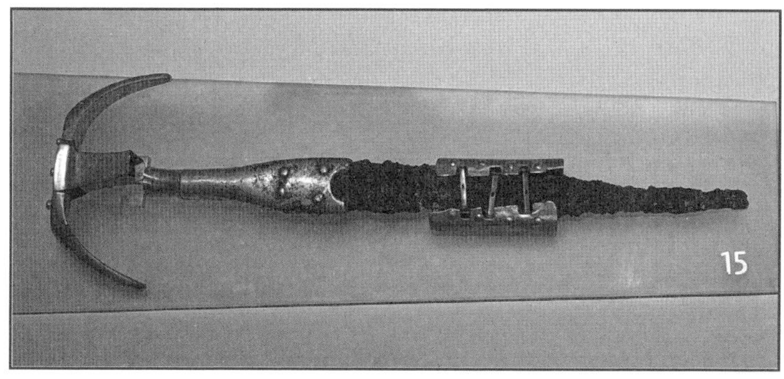

알라자회위크 '왕묘' K에서 출토된 철검_아나톨리아 문명 박물관

이 누설되어서 철기 시대가 시작되었다'는 것이다.

고고학 분야에서도 같은 시기인 1930년대에 튀르키예 중앙부의 알라자회위크를 발굴했다. 그 결과 '왕묘'로 불리는 전기 청동기 시대, 즉 기원전 3000년대 후반의 묘지에서 세계 최초급 철검이 출토되었다. 이 철검의 성분을 분석한 결과 니켈이 많이 포함되어 있는 것으로 밝혀졌고, 따라서 이 철검은 우주에서 지구에 떨어진 철 운석, 즉 운철로 만들어진 것으로 판명되었다. 운철은 지구 어디에나 떨어질 수 있지만, 히타이트의 선주민인 하티인이 운철로 물건을 만들었다는 사실이 밝혀지자 '아나톨리아 = 제철 발상지'라는 인상이 더 강해졌다.

고고학사에 큰 업적을 남긴 영국의 고고학자 V. 고든 차일드Vere Gordon Childe는 1942년 《인류사의 사건들What Happened in History》을 출간(1954년 개정)하여 일반인에게 고대사를 해설했다. 그 역시 이 책에서 앞서 소개한 하투실리 3세의 편지를 소개하며 "히타이트인이 철제 기술을 독점했으나 비밀이 유출되는 바람에 청동기 시대가 끝나고 철기 시대가 시작되었다"라고 말했다.

이 책에는 당시 인도유럽어족(아리아인)으로 여겨졌던 미탄니인이 제철을 시작했고 동족인 히타이트가 그 비밀을 계승했다고 되어 있다. 다만, 현재 미탄니인과 후르리인이 인도유럽어족이라는 견해는 오류임이 밝혀졌다. 그리고 히타이트의 제철 기술이 널리 퍼져 히타이트에게 억압당했던 민족들이 청동기보다 저렴하게 대량으로 생산할 수 있는 철기를 확보했고 그것을 통해 청동기의 유통, 물류를 관리했던 히타이트와 이집트의 지배 체제가 무너졌다고 주장하며 그렇게 청동기 시대가 끝나고 철기 시대가 시작되었다는 논리를 전개했다. 일종의 사회혁명적 해석이라 할 수 있다. 참고로 차일드는 공산주의에 심취했다고 알려져 있다.

요컨대 차일드의 책이 일반에 미친 영향과 알라자회위크에서 철검이 발견된 사건이 '히타이트 = 철'이라는 이미지를 만들었다. 그러나 필자의 좁은 식견으로 구미권에서는 히타이트와 제철을 그다지 결부시키지 않은 것으로 보인다. 예를 들어 독일에서는 히타이트 제국을 '천千신의 나라'로 자주 표현한다. 선구적인 제철 기술을 보유했다고 말할 때도 있지만 그것을 그리 강조하지는 않는다. 오히려 일본에서 '히타이트=철'이라는 이미지를 가장 강조한 듯하다. 이것은 일본의 역사 교과서가 앞서 말한 차일드의 견해에 의존한 탓이기도 하겠지만, 20세기 후반에 일본이 철강 생산량과 제철 기술로 세계의 수위를 다투었기 때문일지도 모르겠다.

금이나 보석처럼 장식용으로 쓰였던 철

'히타이트인이 인류 최초로 철을 활용했는가'라고 물으면 답은 명확히 '아니오'다. 인류는 히타이트 이전부터 철을 활용했다. 우선 인류와 철의 관계를 간단히 살펴보자.

앞서 말했듯 지구로 떨어지는 운석은 대부분 운철이다. 인류가 최초로 접한 철은 이 운철이었을 것이다. 이집트 북부 게르제에서 철 조각을 둥글려 만든 철제 구슬 등이 발견되었는데, 이것도 기원전 4000년대 후반의 운철로 밝혀졌다.

또 메소포타미아의 수메르어에 철을 뜻하는 단어도 이미 존재했다. 이때 사람들은 철을 '하늘에서 떨어진 금속'으로 인식하고 있었다. 운철로 만든 물건 중에서 크기가 특히 큰 것이 앞서 소개한 알라자회위크 '왕묘'에서 출토된 호화로운 철검으로, 손잡이가 금으로 되어 있고 칼자루 끝이 수정으로 장식되어 있다. 알라자회위크에서는 그 외에도 철제 칼 등이 발견된 것으로 보아 아나톨리아에서 철이 주목받았던 듯하다. 그러나 운철은 자연에서 온 철이고 인류가 제조해낸 것은 아니다.

인간이 언제부터 철광석을 제련하여 철을 만들었는지는 명확히

이스라엘 남부의 아라파 계곡에서 발견된 고대 동(구리) 합금 덩이(주괴). 철 성분이 포함되어 있다.
_에레츠 이스라엘 박물관

밝혀지지 않았지만 앞서 소개한 '알라자회위크 철검'이 제작된 전기 청동기 시대의 지층에서 철광석을 가열한 흔적과 철제 물건이 출토되었다. 그 무렵, 사람들이 철광석에 운철과 비슷한 성분(철분)이 있음을 깨닫고 철을 단독으로 사용하여 물건을 생산하기 시작했다. 다만 처음부터 철을 추출할 생각으로 철광석을 불에 가열했는지, 동(구리) 성분과 불순물을 분리하여 동을 생산하려고 철광석을 가열했는지는 알 수 없다.

역사적으로 철보다 훨씬 오래 활용된 재료가 동이다. 그런데 동광석에는 동보다 철이 더 많아서 제련이 필요하고, 그 제련 과정에서 철은 슬래그(불순물)가 되어 버려졌다. 그러던 어느 날 대장장이가 슬래그 속에서 반짝이는 철을 발견하고 그 부산물을 활용해보려고 했을지도 모른다. 이것이 운철이 아닌 제련된 철과 인류의 첫 만남이 아니었을까?

기원전 2000년대부터 운철이 아닌 철 제품이 문서 사료나 고고학 자료에 본격적으로 등장한다. 그러나 이 시대의 철은 무기나 도구 등의 '이기利器'가 아니라 귀금속처럼 취급되었다. 그래서 철 제품이 출현한 지 한참 지나서야 철제로 된 이기가 널리 활용되는 '철기 시대'가 시작되었다.

퀼테페의 카룸(제1장 참조)에서 출토된 아시리아어 점토판 문서에 '아무툼'이라는 단어가 나오는데, 이것이 철이라고 주장하는 사람도 있다. 체포된 아시리아 상인의 몸값으로 금 10미나(약 5kg) 또는 아무툼 1미나(약 500g)를 내라고 쓰여 있는 것을 보면 아무툼이 금보다 10배 비싼 희소 물질임에는 분명하지만, 그것이 철이라고는 단정할 수 없다.

카룸 시대의 유적인 아젬회위크에서 귀한 돌을 박아넣은 상아 재질의 작은 상자가 출토되었다. 그런데 여기서는 철이 금이나 청금석 등과 함께 장식으로 쓰였다. 물론 녹이 슬어 갈변한 탓에 현대인의 눈에는 이상해 보일지 모르지만, 당시 사람들에게는 하늘에서 떨어진 귀한 금속으로 보였을 것이다. 히타이트 제국의 시조인 아니타의 공적을 기록한 문서에도 '철 옥좌', '철 홀'이라는 말이 나오는데(제1장 참조), 목재로 만든 본체에 철로 만든 징을 박은 의자로 추정된다.

일본 발굴단이 조사 중인 카만칼레회위크 유적의 카룸 시대 층에서 상당한 수의 철 제품이 출토된 것만 보아도 아나톨리아에는 틀림없이 히타이트 이전부터 철 제품이 존재했음을 알 수 있다. 퀼테페의 카룸에서도 철 같은 덩어리(철광석?)가 출토되었다는 보고가 있었는데, 이 건에 관해서는 아직 자세한 조사가 이뤄지지 않았다.

그렇다면 히타이트 제국 시대는 어땠을까? 히타이트 문서에도 종종 철 제품이 언급된다. 히타이트가 '철의 왕국'으로 불리게 된 것도 그런 이유에서다. 그러나 히타이트 제국이 존속하는 약 400년 동안 철을 언급하는 빈도와 철 제품의 종류는 시대별로 크게 다르다.

고왕국 시대의 문서에 언급되는 철 제품은 오로지 창촉이나 홀 등 권위를 상징하는 물건으로 의례나 마술 장면에서만 등장한다. 중왕국 시대에는 원래 남은 문서가 적어서 철에 대한 언급도 드문데, 그나마 의례용 도끼 등 종교적 용도로만 언급되었다. 다만, 아르누완다 1세(제3장 참조)의 문서에 "왕의 말은 철이므로 모독할 수 없다"라는 기록이 있어 철에 신성한 의미가 부여된 것을 알 수 있다.

제국기, 즉 신왕국 시대, 특히 후반인 기원전 13세기로 접어들자, 문서에서 철을 언급하는 빈도가 비약적으로 늘어났다. 언급 빈도가 늘어났을 뿐만 아니라 언급되는 철 제품 종류도 다양해졌다. 동물이나 인물상 등 장식품에서 더 나아가 칼 · 단검 · 창촉 등의 이기, 즉 실용품이 등장하기 시작했다. 반면, 철제 장신구를 언급하는 빈도는 줄어들었다. 또 철을 셀 때 이전의 세겔(약 12g)이 아니라 미나

상아로 만든 용기_아젬회위크 출토, 아나톨리아 문명 박물관

(약 500g)를 쓰게 된 것을 보면 유통량도 많아진 듯하다. 그것은 여러 문서에서 단 한 번 언급되었는데, '철제 칼날 56개와 검은 철로 만든 곤봉 머리 부분 16개'라는 징세 문서가 그 예다. 참고로, 이번 장 첫머리에서 소개한 하투실리 3세의 편지도 이 시대에 쓰였다.

히타이트 문서에는 다양한 종류의 철이 언급되었다. 수메르어 차용어(문자)로 표기된 철 관련 단어로는 AN.BAR, ANBar Ge^{6}, AN.BAR SIG$_{5}$, AN.BAR BABBAR 등이 있는데, 여기서 마지막 두 단어는 '양질의 철', '흰 철'로 번역되지만 어떤 철을 뜻하는지는 밝혀지지 않았다. 또 AN.BAR GE^{6}는 운철을 뜻한다는 말이 있다. 운철과 철광석으로 제련한 철은 [AN.B]AR aš nepis(하늘의 철)과 AN.BAR ŠA GUNNI(화로에서 꺼낸 철)로 명확히 구별되었다. 제례에 참가한 직능 집단 목록에서 제철 장인을 다른 금속(금, 은, 동) 장인과 구분하여 기록한 것도 당대 다른 문명에서는 보이지 않는 현상이므로 히타이트 제국이 철에 특별한 관심이 있었던 것은 분명하다.

제국기에는 징세 목록이나 신전, 궁전 비품 목록 등의 문서에서 철이 언급되었다. 이런 문서에는 공물의 소재나 종류를 명기하지 않을 때도 있지만, 지금까지 공개된 문서에서 언급된 것을 합계하면 징세 목록에는 날붙이를 비롯한 수천 점의 철 제품이 있었을 것이다. 한편, 신전과 궁전 비품 목록에는 날붙이와 단검, 바늘, 용기 등 철 제품이 몇 점 단위로 100점 이상 언급되어 있을 뿐 종류가 밝혀지지 않은 것이 대부분이다.

그런데 여기서 철 제품이 각 지방 도시에서 생산되어 수도 하투샤로 옮겨졌다는 점에 주목하자. '히타이트 왕이 제철 기술을 숨기려 했다'라는 속설이 사실이라면 왕이 수도에 전문 구획을 설치해 장인을 가두어놓았을 텐데 오히려 제국 각지에서 철 제품이 생산된 것이다. 또 이번 장 첫머리에서 소개한 하투실리 3세의 문서에서도 '양질의 철'을 만드는 공인이 왕의 곁이 아니라 키주와트나에 있다고 말했다. 즉 하투실리의 편지를 피상적으로 해석한 결과, 히타이트가 제철 기술을 숨기려 했다는 속설이 생겨난 것이다.

그래도 히타이트 제국이 같은 시기인 후기 청동기 시대의 다른 문명보다 철을 많이 언급한 것은 사실이다. 그렇다면 실제로 유물도 많이 출토되었을까? 히타이트 제국의 유적, 특히 수도 하투샤가 있었던 보아즈쾨이나 알라자회위크에서는 지금까지 수십 점의 철 제품이 출토되었다. 종류는 도끼, 낫, 바늘, 바퀴, 널빤지 모양의 괴(금속 '소재'로 보고됨) 등이다. 분명 당대 서아시아 평균에 비해 많기는 하지만 출토된 청동 제품의 수에 비하면 압도적으로 적다. 아무리 동보다 철이 잔존율이 낮다고는 해도 철기가 청동기보다 많이 쓰였다고는 볼 수 없다.

1980년대에 미국 연구자들이 보아즈쾨이와 알라자회위크의 히타이트 제국기 층에서 출토된 철 제품과 철광석 일부를 분석했다. 탄소를 포함한 철강이라 경도는 꽤 높지만 품질이 고르지 않아서 좋

후기 청동기 시대 서아시아에서 출토된 철 제품 수

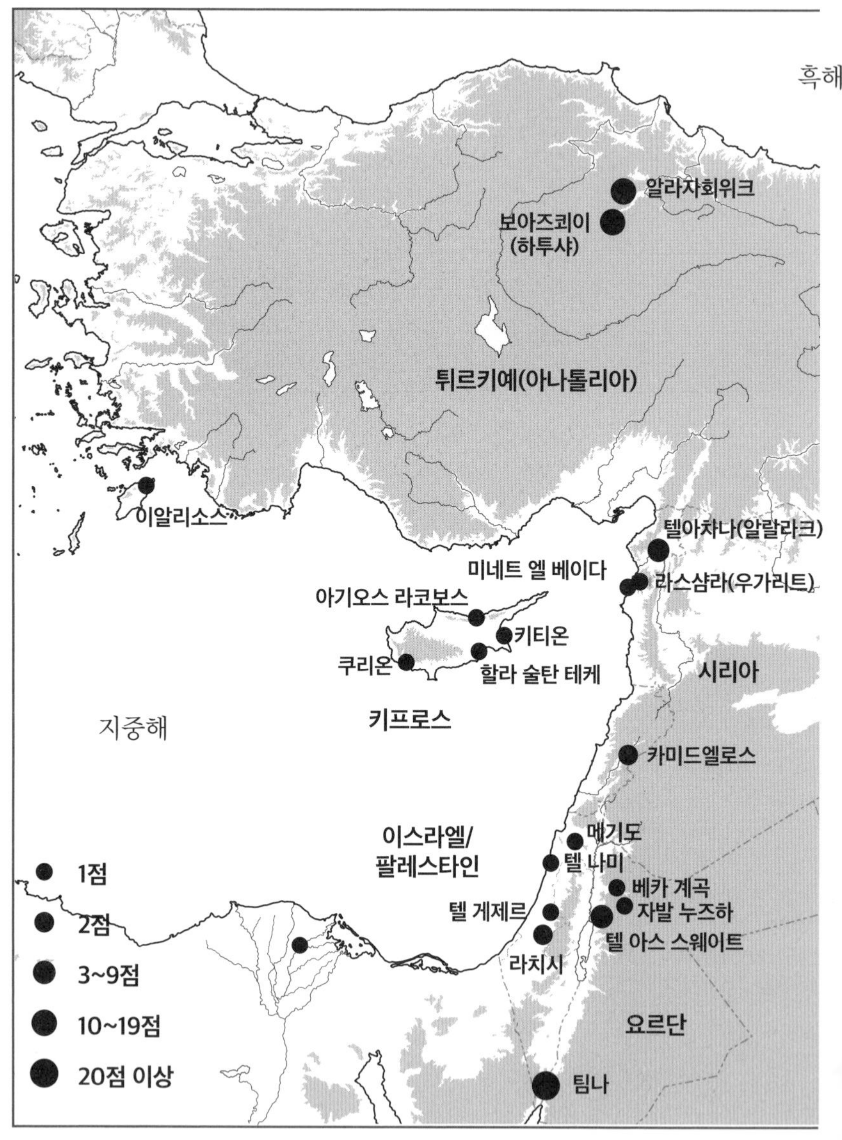

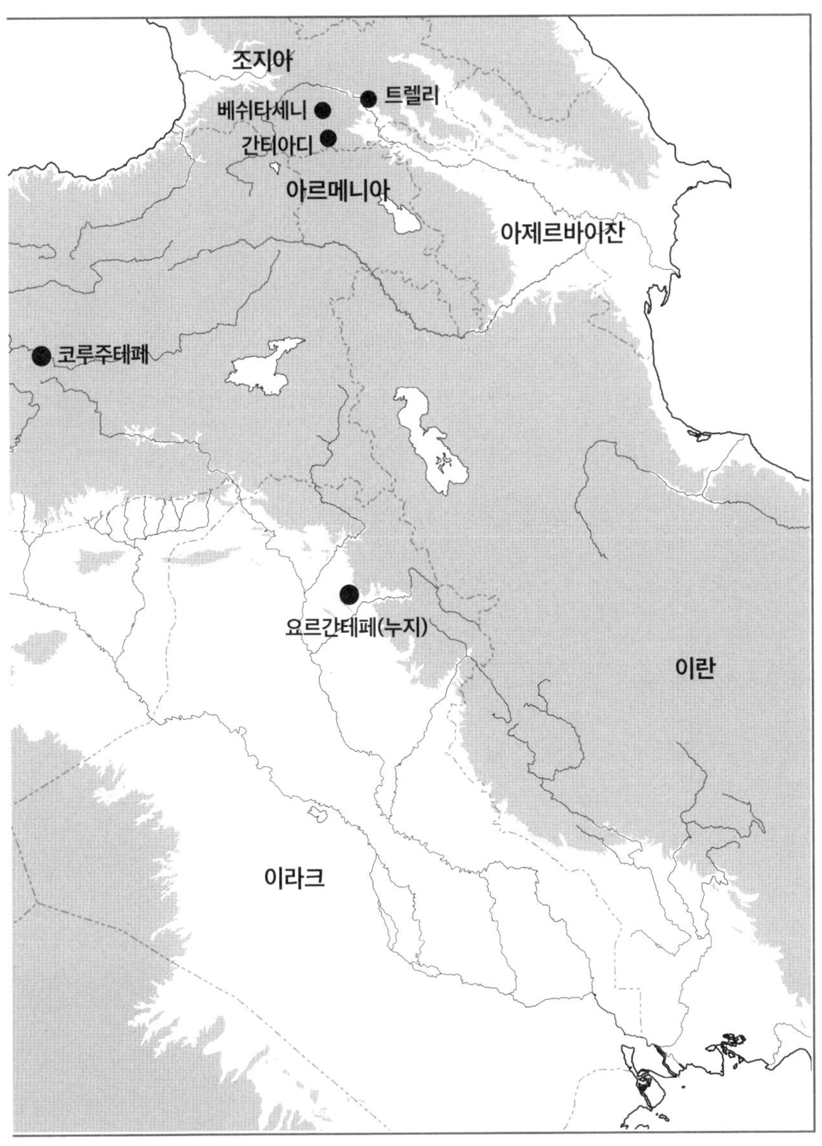
조지아
베쉬타세니
트렐리
간티아디
아르메니아
아제르바이잔
코루주테페
요르간테페(누지)
이란
이라크

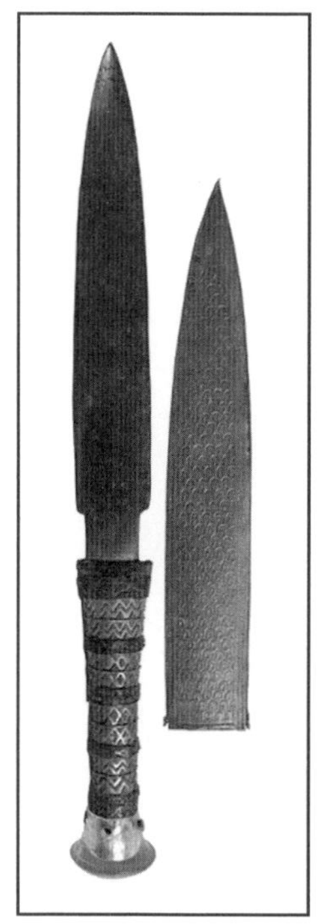

투탕카멘 왕묘에서 출토된 철제 단검

은 제품이라 볼 수 없고, 철광석에는 제철에 적합하지 않은 유황이 포함된 황철광이 많았으므로, 표본이 적기는 하지만 '히타이트인이 능숙하게 철을 취급하거나 철광석의 성질을 잘 알았다고 할 수는 없다'라는 것이 분석의 결론이었다.

한편, 다른 문제도 있다. 알라자회위크가 20세기 전반에 발굴되었기 때문에 정확도가 떨어질 수 있다는 것이다. 또 보아즈쾨이의 전 발굴단장인 위르겐 제어Jürgen Seeher에게 직접 들은 바에 따르면, 보아즈쾨이 역시 층별 발굴이 불가능한 지점이 있었던 데다 정확도도 높지 않았으므로 20세기에 간행된 보고서에 나온 연대는 그다지 신뢰할 수 없다고 한다. 다시 말해 두 유적의 유물에 히타이트 제국 이후의 유물이 섞여 있다는 것이다. 그렇다면 히타이트 제국 시대의 철 제품 출토 수는 상당히 줄어들게 된다. 참고로, 필자가 발굴에 참여했던 쿠샤클르(고대명 사리사)에서는 히타이트 제국 시대의 철 제품이 거의 출토되지 않았다.

히타이트 제국 시대의 철 제품으로는 이집트 왕 투탕카멘(기원전 14세기 후반)의 미도굴 묘에서 출토된 물건들이 유명하다. 금으로 장식된 철제 단검, 베개 모양의 부적, 우자트(눈 모양의 부적)*, 소형 송곳 16개인데, 분석 결과 전부 운철로 만들어진 것으로 밝혀졌다. 운철 가공에는 제철과는 또 다른 어려움이 따르지만 어쨌든 제철을 거치지 않은 것은 확실하다.

당대의 문자 사료인 아마르나에서 출토된 서신에 미탄니 왕이 이집트의 아멘호테프 3세(투탕카멘의 조부)에게 철검 등을 보냈다고 되어 있는데(아마르나 서간 EA22) 이것도 운철 제품일 것이다. 투탕카멘의 미라는 한쪽 허리에 철제 단검을 차고 반대쪽 허리에 칼날이 황금으로 된 검을 차고 있었다. 둘 중 철제 단검은 니켈이 많이 함유되어서인지 지금까지 녹슬지 않아서 매우 예리해 보이지만, 황금 날로 뭔가 자르지는 못할 테니 실용적인 이기는 아니다. 녹슬지 않는 황금 검과 철검은 무기라기보다 오히려 영원을 상징하는 도구라 할 수 있다.

히타이트가 제철 기술을 숨기지 않았다는 증거

한편, 히타이트 제국 말기인 기원전 13세기 후반에 시리아 북부에 있었던 중기 아시리아의 지방 도시 두르카틀림무(현재 텔셰이크하마드)에서는 1970년대에 철 제품 유통에 관한 점토판 문서가 출토

* 호루스의 눈. Udjet(우세트)라고도 하며 고대 이집트 파라오의 신적인 왕권을 보호하는 상징.

되었다. 대장장이가 대재상에게 보낸 편지인 이 문서에는 '제작 재료인 철을 받아 철 화살촉 20개 등을 만들라고 명령받았다'라고 기록되어 있다. 이것은 이 시대에 아시리아 영내에서도 철이 어느 정도 유통되었다는 뜻으로, 히타이트 제국이 철을 독점하지 않았다는 사실을 증명하는 귀중한 증거다. 이 유적의 당대 층에서도 철 제품은 출토되지 않았다고 한다.

그런 상황에서 1990년대 이후 일본 발굴단이 발굴했던 카만칼레회위크의 히타이트 제국 이전 카룸 시대 층에서 상당한 수의 철편이 출토되어 제철의 역사에 한 획을 그었다. 화학 분석 결과 이 철편들은 탄소를 포함한 철강으로 분류되었는데, 철을 이기로 사용하려면 철에 탄소를 추가해 철강으로 만들어야 한다. 따라서 이 철편들은 제철을 거치는 중이었을 것으로 추정된다. 참고로, 이 유적은 조사를 시작한 후 줄곧 정밀한 층별 발굴이 이뤄졌으므로 출토품이 누락될 가능성이 없고 전기 청동기 시대부터 철기 시대까지 퇴적층이 연속적으로 형성되었으므로 철 이용의 역사를 밝히는 데 아주 적합했다.

최근 문화재 보존학자인 마스부치 마리야增渕 麻里耶가 이 유적의 철 제품에 관한 논문을 발표했다. 작은 범위에서 출토된 유물을 연구했지만 주목할 가치가 큰 논문이다. 우선 마스부치는 조사 지점에 따른 차이에 주목하여 이런 견해를 제시했다. 청동 제품보다 압도적으로 적긴 하지만, 카룸 시대에 철 제품이 비교적 많이 출토된

정교한 발굴 작업이 이루어졌던 카만칼레회위크

데 비해 히타이트 제국 시대의 철 제품이 거의 나오지 않은 것을 보면 철기 시대가 시작된 지 한참 지난 기원전 8세기 이후에야 철기가 일상적으로 쓰이기 시작했다는 견해다. 또 화학 분석 결과, 카룸 시대의 철 제품은 탄소를 포함한 철강으로 분류되기는 하지만 전자 현미경을 통한 구조 관찰에 따르면 담금질이나 단조鍛造(금속을 두드리거나 눌러서 필요한 형체로 만드는 일)를 거치지 않은 구조적으로 약한 상태라서 실용적인 이기로 쓰기는 어렵다고 한다. 이것은 히타이트 철기에 관해 지금까지 제시된 견해와도 일치하는 부분이다.

이처럼 히타이트 제국 말기에 적은 양의 철 제품이 유통되었던 것은 확실하지만, 히타이트가 기술을 독점하거나 숨겼던 것 같지는

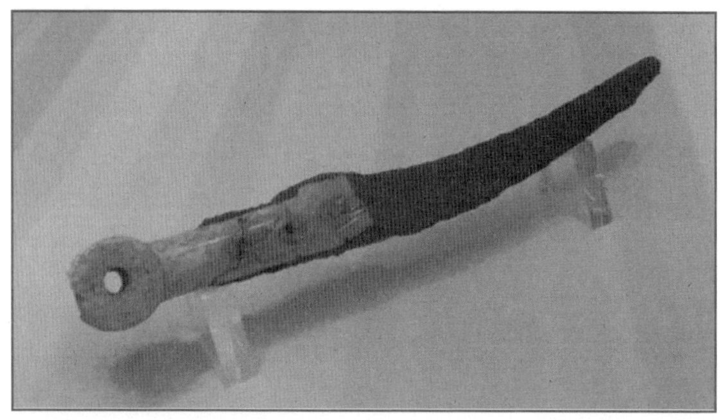

이스라엘 텔미크네, 즉 고대의 에크론에서 출토된 철기 시대 초기의 철제 칼_이스라엘 박물관

않다. 다시 말해 히타이트 제국은 확실히 '청동기 시대'의 제국이었다. '카데시 전투에서 철제 무기를 든 히타이트 병사가 청동제 무기를 든 이집트군을 압도했다'라는 이야기도 공상의 산물에 불과한 셈이다.

그러나 해명되지 않은 수수께끼가 있다. 기원전 1200년경 히타이트 제국 멸망과 동시에 서아시아에서 세계 최초의 철기 시대가 시작되었다는 것이다. 지금까지의 조사 결과에 따라, 당대 최초의 철기(주로 칼)가 키프로스섬이나 팔레스타인(이스라엘)에서 집중적으로 출토되었으므로 이들 지역에서 철제 이기가 처음으로 실용화되었다고 주장하는 사람들도 있다. 이들은 철기 자체의 성능이 청동기보다 우월해서라기보다 당시 더 중요한 이기의 소재였던 청동의 유통 및 생산이 위기를 맞은 탓에 철기를 임시변통으로 사용하다

보니 철기가 시작된 것이라고 설명한다. 하지만 이 주장에는 큰 맹점이 있다. 이스라엘에서 많이 출토된 초기 철기 시대의 철 제품을 분석하면 한결같이 담금질이나 단조를 거치지 않아서 제품으로서의 완성도가 떨어진다는 것이다. 그러므로 철기 시대가 언제 어디서 어떻게 시작되었는지 아직 밝혀지지 않았다고 말할 수밖에 없다.

게다가 최근 키프로스와 팔레스타인뿐만 아니라 코카서스 남부, 시리아 북부 등 아나톨리아 주변에서도 기원전 12~11세기경의 검이나 칼 등 철제 이기가 출토되었다. 앞서 소개한 문서 사료에서 살펴보았듯, 실제 출토품은 아직 거의 발견되지 않았지만 적어도 기원전 13세기 후반에는 히타이트와 아시리아에서 철기가 어느 정도 유통되었을 가능성이 있다. 그렇다면 혹시 히타이트 영내에서 개발된 제철 기술이 시리아와 코카서스로 전파된 것일까?

하지만 정작 아나톨리아에서는 철기 시대 초기의 철 제품이 거의 출토되지 않았다. 다만 최근 카만칼레회위크에서 히타이트 제국기의 유적이 널리 발굴되고 있으므로, 만약 거기서 히타이트 제국기의 철기가 출토된다면 후기 청동기 시대와 초기 철기 시대의 철기를 연결하는 새로운 흐름이 만들어질 수 있다.

기원전 1200년~기원전 1000년 서아시아의 철 제품 출토 유적

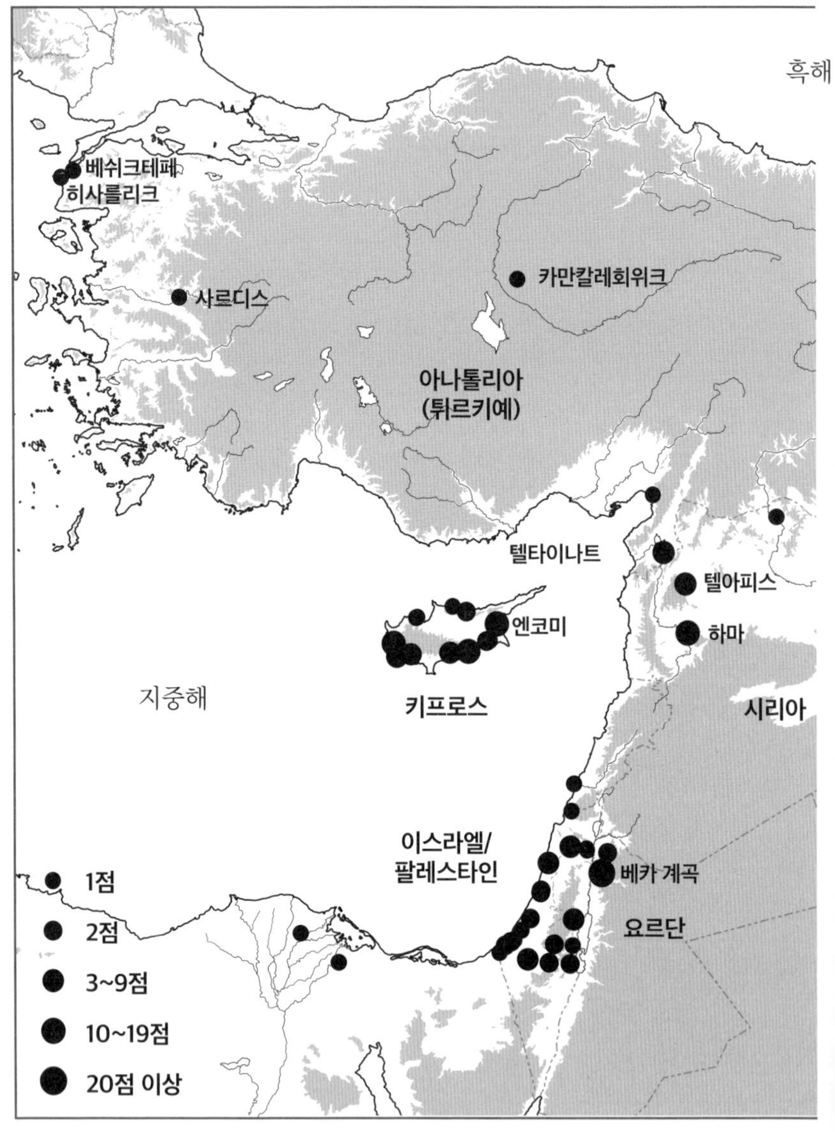

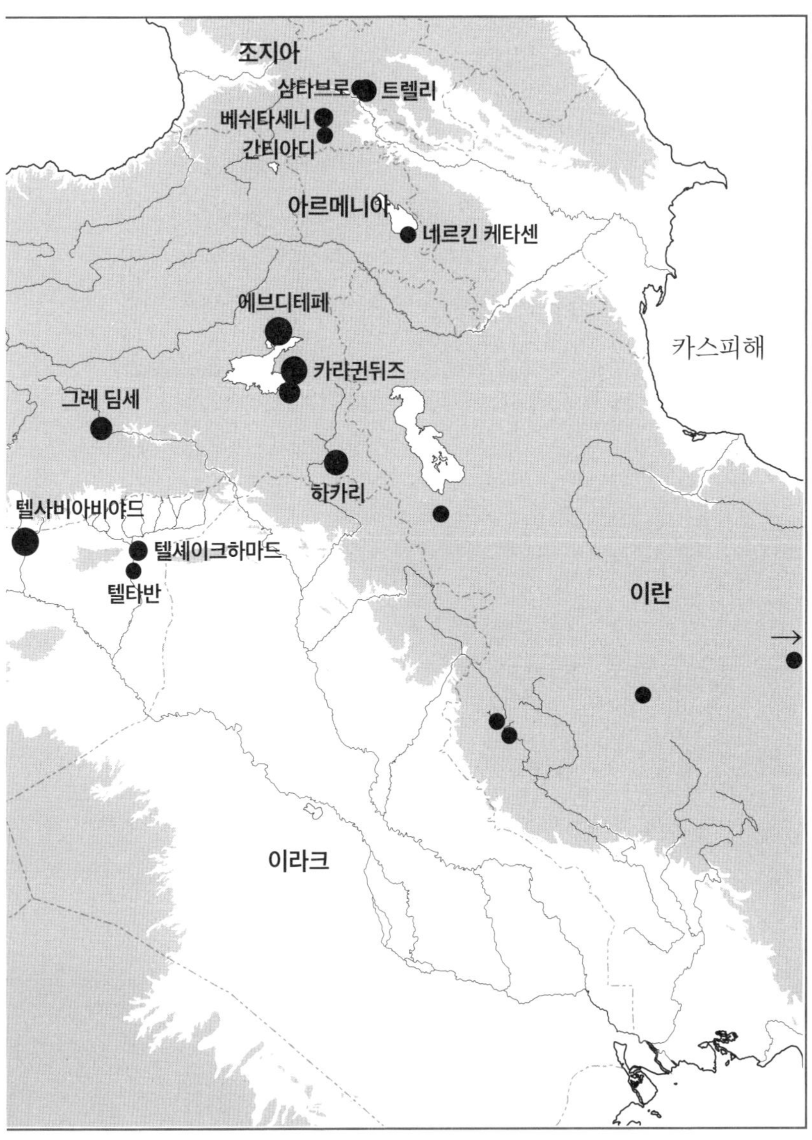
조지아
삼타브로
트렐리
베쉬타세니
간티아디
아르메니아
네르킨 케타센
에브디테페
카스피해
카라귄뒤즈
그레 딤세
하카리
텔사비아비야드
텔셰이크하마드
텔타반
이란
→
이라크

제10장

장거리 원정과 전쟁,
활발한 외교 활동

전쟁도 주술과 신탁을 따르다

히타이트는 '제국'으로 불렸던 만큼 군사력과 외교에 기반한 국가 간 질서를 따르는 나라였다. 제1장에서 말했듯 히타이트라는 국가는 아직 확실히 밝혀지지는 않았지만, 아마 중앙 아나톨리아에 세워진 여러 도시국가 중 군사적으로 뛰어난 도시국가들이 연합을 이루면서 시작되었을 것이다. 히타이트 성립 이전에도 서아시아의 모든 도시가 성벽으로 스스로를 보호하며 유사시에 대비했다.

고왕국 시대(제2장 참조)에 도시국가에서 연맹을 이루는 영역領域 국가로 성장한 히타이트는 최초의 대외 전쟁, 영외 장거리 원정에 나선다. 하투실리 1세의 시리아 북부 원정, 그리고 무르실리 1세의 바빌론 원정이다. 그러나 영외 지역을 꾸준히 지배하는 능력은 없었는지 정복의 성과를 유지하지는 못했다. 그리고 고왕국 시대에도 도시국가 시대와 마찬가지로 각 도시에 성벽을 쌓고 유사시에 대비하여 곡물 저장고를 정비했다.

기록이 적은 히타이트 중왕국 시대는 투드할리야 1세 때를 제외하면 방어에 치우친 듯하다. 다만 아나톨리아 남부 키주와트나국의 귀속에 관해서는 활발한 외교를 진행하여 유리한 조약을 체결하는 데 성공했다. 히타이트 시대의 조약은 국가끼리의 약속이 아니라 왕과 왕 사이의 약속이었으므로 왕이 사망하면 자동으로 갱신되는 것이 아니라 다음 왕이 새로운 조약을 체결해야 했다.

중왕국 시대에는 외세의 침략도 있었다. 국경 요새 도시였던 마사트회위크(고대명 타비가)에서 출토된 문서에 따르면, 히타이트가 국토를 방어하려고 부지런히 노력했음에도 북방의 카스카족이 침입하여 도시를 불태우고 약탈했다고 한다. 추측컨대 통일된 국가나 도시의 형태를 갖추지 않은 카스카족의 전쟁 방식은 게릴라전처럼 히타이트 측의 허를 찔렀을 것이다.

히타이트 왕국은 신왕국 시대(제국기), 즉 수필룰리우마 1세 이후에 아나톨리아 서부와 시리아를 정복하여 '제국'이 되었다. 따라서 속국에는 전시에 원군을 보낼 의무를 지우고 이집트 · 바빌로니아 · 아시리아 등 대국과는 전쟁을 벌이거나 화평을 꾀했으며, 아히야와(미케네 문명)와는 수뇌급 외교 교섭을 통해 전면 전쟁을 회피하는 등 제국주의적 전쟁과 외교를 펼쳤다. 비교적 상세히 남아 있는 무르실리 2세의 원정 기록을 보면, 원정 행위에는 적이나 속국에

조약 문서_보아즈쾨이 출토, 아나톨리아 문명 박물관

군사력을 과시하는 동시에 가축을 약탈하고 노동력(노예)으로 삼을 포로를 납치하며 주민을 강제 이주시키는 등의 경제적 목적도 있었던 듯하다. 히타이트에는 이 시대의 전쟁을 그린 도상 자료가 많지 않지만, 적국인 이집트 측의 회화 자료를 통해 실상을 파악할 수 있다.

히타이트의 대왕은 군 최고사령관으로서 '영웅'(수메르어 쐐기문자로 UR.SAG. '무리의 머리'라는 뜻)으로 불렸다. 특히 제국기의 부조 등에는 창이나 활을 들고 검을 찬 전사의 모습으로 그려졌다. 그러나 하나같이 판에 박힌 모습일 뿐, 이집트의 파라오처럼 전차를 몰고 활을 쏘거나 적장을 처형하는 모습 등으로 무용을 드러내지는 않았다.

그러나 그림이나 조각상이 아닌 문서에서는 다른 모습을 보였다. 예를 들어 제국의 태조 하투실리 1세는 적장을 멍에에 묶어 전리품을 끌게 했다고 서술하며 적의 마을을 공략하는 자신을 사자에 비유했고, 자신을 전설적인 아카드 제국의 왕 사르곤을 뛰어넘는 자로 칭하기도 했다. 한편, 제국기의 무르실리 2세는 자신의 자비로움을 강조했는데, 여기에는 직접 정복한 수많은 속국을 위로하려는 의도가 있었을 것으로 추측된다.

전쟁 종군 외에 완전한 자치를 보장받은 히타이트 속국

무의미한 전쟁을 기피한 것은 히타이트 시대도 마찬가지였다. 따라서 개전할 때는 속국의 모반, 적과의 내통, 조약 불이행 등 적의 배신 등을 대의명분으로 내걸었다. 이는 현대와 크게 다르지 않다. 그러는 한편으로 전쟁을 일종의 천재지변, 즉 사람의 인지를 뛰어넘은 신의 일로 여겨 신들에게 가호를 빌기도 했다. 전쟁은 신이 신성함을 부여한 법적 행위였으므로 속국의 반란을 징벌하는 전쟁 역시 신이 정당한 질서 회복 행위로 선전되었다.

원정 기록에는 '(신이) 우리 앞을 나아갔다'라는 정형구가 자주 등장한다. 싸움터에 신들이 함께하며 때때로 개입한다고 생각했기 때문이다. 안개나 소나기 덕분에 기습에 성공하는 등 전쟁 상황이 변하는 것도 신의 가호 덕분이라고 믿었으므로 액막이를 치르고 신탁을 구하여 행운을 불러들이려 했다. 한편, 원군으로 참여하는 속국의 군대에는 신탁을 금지하여 반란을 방지했다고 한다.

전쟁을 시작할 때 국경에서 주술을 걸어 적군 무기의 위력을 약화하고 적병을 여성으로 바꾸려 했다는 이야기도 전해진다. 주술에는 아군의 사기를 높여 퇴각을 방지하고 불운하게 패전했을 때 더러움을 씻는 목적도 있었다. 활과 전차를 향해 제사를 지내거나 주술로 저주를 걸었던 것을 보면 이 시대의 주요한 무기가 활과 전차였음을 확실히 알 수 있다.

히타이트 왕은 군 최고사령관으로서 군을 직접 이끄는 것이 원칙이었지만 대제사 거행 등 종교상 이유로 바쁘거나 병에 걸려 직접 통솔이 불가능한 경우에는 황태자가 그 역할을 대리했다. 대왕이나 황태자 외에 근위대장이나 왕의 최고위 측근인 술 맡은 자가 군을 지휘하기도 했다. 그래서 이런 직위에는 아무래도 왕족이 주로 임명되었다.

군대에는 중급, 하급 등의 계급이나 직능도 있었던 듯하지만, 직능의 명칭만 보고는 구체적인 직무 내용을 짐작할 수 없는 경우가 많다. 어쨌든 전차병 · 보병 · 정찰병 · 전령 등이 있었고 대부분은 보병이었다. 근위병의 호칭에는 대부분 '창'에 관한 말이 붙었으므로 '창 든 자'라고 하면 근위부대의 최하급 병사를 가리켰다.

군대는 상비병, 속국에서 보낸 보조병, 임시 징병된 병사, 용병 등으로 구성되었는데 자유민으로만 이루어진 상비군은 평시에는 수도 하투샤나 각 도시에 분산 배치되어 있었다. 국가로부터 토지를 받는 대신 스스로 비용을 부담해 종군할 의무를 지는 '봉건 제도'가 존재했는지는 알 수 없지만, 유사시에만 종군하는 시간제 병사나 평시에는 토지를 경작하고 전시에는 전투원으로 동원되는 농민군인 둔전병屯田兵 등은 존재했다.

히타이트의 속국은 유사시 보조병을 보낸다고 조약으로 엄밀히 정해져 있었다. 예를 들어 히타이트 제국 말기의 타르훈타사는 유사시에 보병 100명, 많게는 200명을 파견하게 되어 있었는데, 만약이 공출을 거부하면 제국을 배반한 것으로 간주했다. 하지만 히타이트의 속국은 이 종군 의무 외에는 완전한 자치를 보장받았다. 이집트와는 대조적으로 히타이트의 대사大使가 주재하는 일도 거의 없었다. 히타이트는 언제나 병사가 부족했는지 속국에 주둔할 군대조차 적극적으로 보내지 않았다.

히타이트군의 구체적인 병력은 사료에 거의 언급되지 않았다. 다만 건국기의 '아니타 업적록'에 보병 1,400명, 전차 40대라고 기록되었던 소박한 규모가 약 500년 후인 기원전 1274년의 카데시 전투에서 크게 성장한 것을 확인할 수 있다. 동맹군까지 합하여 보병 3만 7,000명, 전차 3,500대(한 대에 3명이 타므로 전차 부대는 합계 1만 500명)라고 되어 있는데, 이집트 측의 기록이라 과장일 수도 있지만 지배 영역이 확대되면서 병력도 증가한 것은 사실일 것이다.

게다가 기원전 14세기 말의 왕 무르실리 2세가 자신에게 맞선 적의 병력을 보병 1만 명, 전차 700대로 기록한 것을 보면 카데시 전투의 기록도 심한 과장은 아닐 듯하다. 아마 히타이트 본국 군만 따져도 보병이 2만~3만 명, 전차가 2,000~3,000대쯤 되었을 것으로 추정된다.

다만, 군사 행동은 기본적으로 농한기 또는 눈이 내리지 않는 여름철에만 이뤄졌을 것이다. 높은 지대라 겨울에 눈이 많이 내리는 아나톨리아에서 겨울철에 군대를 동원하기는 어렵기 때문이다. 무르실리 2세가 첫눈이 내리기 전에 출정했다는 기록이 있는데 그때는 임기응변이었을 듯하고, 군사 행동의 기간은 농번기나 대제사 등 경제적, 종교적 이유로 길어도 몇 개월을 넘기지 않았을 것이다.

그런 점에서 제국을 수립한 수필룰리우마 1세가 계절을 뛰어넘어 시리아 전역을 돌며 싸운 '1년 전쟁'은 극히 이례적이었다. 사실 이 전쟁도 마지막에는 대제사 주최를 이유로 종료되었다. 그 아들 무르실리 2세는 20년이 넘는 치세 기간 동안 거의 매년 여름에 원정에 나섰다고 기록되어 있다.

히타이트의 전쟁 기록은 구체적인 기술 없이 판에 박힌 서술만 많아서 구체적인 전투 경과를 알기 어렵지만, '아니타의 업적'에는 도시를 공격할 때 야습을 감행했다고 나와 있고 하투실리 1세의 원정 기록에는 우르쉬라는 마을을 공격할 때 공성탑* 과 공성추**를 사용했다고 나와 있다. 2016년 튀르키예 남동부의 엘라지주 하르푸트에서는 공성탑과 불붙은 구체, 갱도 내 전투 등 공성전을 표현한 거대한 부조가 우연히 발견되기도 했다. 양식으로 보면 히타이트가 성립하기 몇 세기 전에 새겨진 듯한데, 아나톨리아의 공성전을 그린 최초의 도상 자료로 매우 큰 가치가 있다.

원정 기록은 대개 도시 공략으로 마무리되며 종종 '그 마을을 불태웠다'라는 문장으로 끝난다. 그러나 실제로는 마을을 통째로 불태운 것이 아니라 성문이나 궁전 등 주요 건물을 상징적으로 불태우고 나머지는 약탈했을 가능성이 크다. 공성전에서 식량 보급을 차단하는 전략을 구사했을 수도 있지만 앞서 말한 국내의 정치적 사정이나 당시 생산 능력에 기반한 병참 수준을 생각하면 어차피 장기에 걸쳐 공성전을 수행하기는 어려웠을 것이다.

시리아의 카데시에서 히타이트와 싸운 이집트 왕 람세스 2세는 비문과 벽화에 위장 정보 활용 같은 히타이트군의 장비와 전술에 관해 다양하게 기록해두었다. 비록 히타이트의 기록은 아니지만, 전쟁에 관한 도상 자료가 적은 히타이트의 군사 분야를 연구하는 데 더없이 귀중한 자료다.

---

* 병사를 성벽 너머로 올려보내거나 대등한 높이에서 적을 관측하고 싸우기 위해 건설하는 망루. 결정적인 순간에 부교를 내려 성벽에 걸친 다음 병사를 내보냈다.

** 성문을 부술 때 사용한 병기. 끝을 뾰족하게 깎은 통나무, 끝에 쇳덩어리를 단 수레 등 형태는 다양하다.

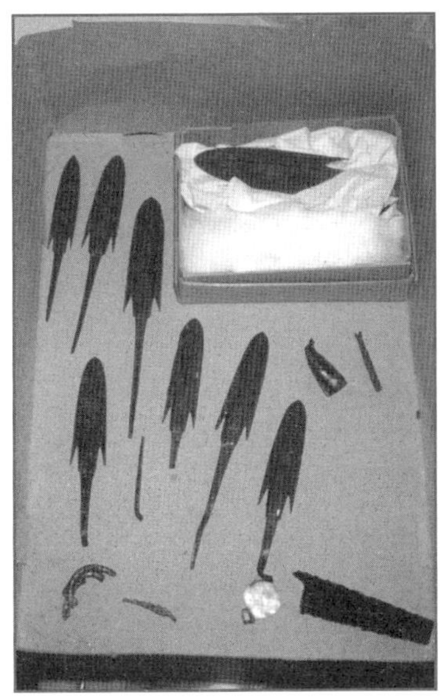

쿠샤클르의 불탄 흙에서 출토된
히타이트 시대의 청동제 화살촉

히타이트 시대의 단검_밀레투스 출토,
베를린 신新박물관

야즐르카야의 부조에 등장한 12명의 신. 낫처럼 생긴 칼을 들고 있다.

전쟁에는 어떤 무기를 썼을까?

앞에서 '병사 대부분이 보병'이라고 말했는데, 카데시 전투를 나타낸 이집트의 부조에도 단검 혹은 창만 들고 밀집 대형을 이루고 있는 히타이트 보병대가 등장한다. 그러나 고고학적 자료인 창촉이나 단검 등은 거의 출토되지 않았다. 보아즈쾨이나 밀레투스에서 청동제 단검이 출토되었고 투드할리야 1세가 적국인 아수와국에서 빼앗아 봉납했다고 여겨지는 장검이 출토되었을 뿐이다(제3장 참조).

단검은 상대를 베는 공격에 적합하지 않으므로 접근전에서는 위력을 발휘하지 못한다. 따라서 단검을 든 병사는 전차전에서 땅에 떨어진 전차병을 죽이는 역할을 맡았을 것이다. 그리고 창을 든 병사는 밀집 대형을 짜 전차의 돌진을 막았을 듯하다. 참고로 이 무렵의 이집트군은 메소포타미아에서 유래한 낫 모양의 '케페쉬'를 썼지만, 히타이트의 도상 자료에는 신의 무기로 등장할 뿐이고 유적에서 이런 칼이 출토된 적도 없다.

이상한 점은 카데시 전투의 부조에 활을 든 히타이트 병사가 하나도 등장하지 않는다는 것이다. 하지만 히타이트 유적에서 가장 많이 출토된 유물이 청동제 화살촉이고 실제로 사용된 흔적도 있다. 다른 고대 오리엔트 지역의 촉보다 상당히 크고 무거운 데다 역방향 가시까지 달려 있어 적병에게 맞으면 잘 뽑히지 않았을 테니 속사성은 떨어져도 명중했을 때 위력이 상당했을 것이다. 다만, 단

궁의 활 대신 다양한 소재를 조합해 만든 무기인 복합궁이 출토되었는데, 이 무기는 최대 사정거리가 200m 정도일 만큼 강력했다고 한다(유효 사정거리는 더 짧음).

왕이 활을 든 모습으로 그려지거나 문서에서 활을 '왕자의 무기'로 칭하는 등 활이 쓰인 것은 분명하나 히타이트 문서에서 전쟁에 쓰인 활을 언급한 경우는 거의 없었다. 히타이트의 속국 우가리트나 미탄니에 궁병대가 있었다고 언급되었으니 히타이트에도 궁병대가 있었겠지만, 활을 더 많이 쓴 이집트인의 눈에는 히타이트군이 활을 쓰지 않는 것처럼 보였을 수도 있다. 히타이트의 비품 목록에 '활 200개', '금으로 장식된 활 43개', '히타이트식 화살통 4개와 (그 안의) 화살 930개, 후르리식 화살통 4개와 (그 안의) 화살 127개, 카스카식 화살통 4개와 (그 안의) 화살 87개'라고 기록된 것을 보면 활과 화살이 쓰인 것은 틀림없는 사실이다.

그 외의 무기로는 보아즈쾨이의 '왕의 문' 부조에도 등장하는 전투용 도끼와 투구가 있다. 둘 다 실제로 출토되었지만(청동 투구는 최근 오르타쾨이에서 출토됨), 아마 고위 군인이 위엄을 드러내기 위해 지녔던 무기에 불과했을 것이다. 한편, 텔할라프(고대명 구자나)에서 출토된 후기 히타이트 시대, 즉 기원전 10세기의 부조에 새총을 쏘는 병사의 모습이 있는 것을 보면 가벼운 차림의 보병인 경장보병輕裝步兵이 돌팔매를 무기로 썼을 가능성도 있다.

히타이트 시대 최고의 병기는 아무래도 전차였다. 이 무렵의 최

보아즈쾨이의 '왕의 문'에 새겨진 히타이트 왕(?)의 모습_아나톨리아 문명 박물관

신 전차는 판자로 조립한 기존 바퀴보다 훨씬 경쾌하고 빨라진 스포크식 바퀴*를 장착한 전차에 북쪽 유라시아(중앙아시아)의 초원 지대에서 가축화된 말을 조합한 경전차였다. 이 병기는 기원전 2000년 전반에 서아시아에도 출현하여, 기껏해야 당나귀가 끄는 둔중한 전차를 몰던 군대들을 압도한 듯하다. 그 '군사 혁명'의 물결이 이집트까지 미친 결과 힉소스(이국의 지배자)가 하下이집트**에 무릎을 꿇었고 서아시아와 이집트에 전차전이 널리 도입되었다. 단, 이때까지는 긴급한 사안이거나 전령병이 업무를 수행할 때 외에는 말에 직접 탈 일이 없었다. 말은 가축화한 지 2,000년이 넘었는데도 너무 예민한 동물이라 그 등에 올라타기까지 더 많은 시행착오를 거쳐야 했던 것이다. 그래서 기병은 히타이트 제국 멸망 이후 몇 세기가 지난 기원전 900년경에야 겨우 등장했다.

전차 조작은 '마르얀누'라는 귀족 전사 계급이 맡았다. 군대 전체에서는 소수 인원이지만 이들의 전차 싸움이 전투의 승패를 좌우한 듯하다. 전차전이 등장한 무렵, 서아시아에는 고귀한 전차 승조원을 보호하기 위해 작은 청동판 조각(미늘 조각)을 이어 붙여 만든 갑옷 찰갑과 미늘 투구도 개발되었다. 전차와 말고삐를 잡거나 무기를 조작하느라 신체를 보호할 수 없는 전차병을 위한 것으로, 갑옷

* 살대가 중심부에서 바깥쪽을 향해 방사상으로 뻗은 바퀴.

** Lower Egypt. 현재 카이로 남부에서 지중해까지 걸쳐 있는 나일강 삼각주 지대를 말함. 카이로 이남 나일강 하류의 상上이집트와 함께 고대 이집트를 구성하는 양대 지역이었다.

보다 움직이기 편하도록 고안된 방어용 무구武具였다. 그러나 이집트의 부조에 나타난 대로, 전차병을 제외한 다른 병사는 대부분 신체를 보호할 만한 것을 몸에 걸치지 못했다. 고작해야 나무판에 소가죽을 두른 방패를 드는 정도였을 것이다. 앞에서 말했다시피 보병의 주 임무는 창을 들고 밀집 대형을 이뤄 돌진하는 전차를 막고, 전차전에서 땅에 떨어진 전차병의 숨통을 끊거나 사로잡는 것이었을 듯하다.

히타이트의 유적에서 찰갑을 구성하는 작은 청동판인 미늘이 출토되긴 했으나, 온전한 형태의 찰갑 투구가 출토된 곳은 레바논의 카미드엘로스(고대명 쿠미디) 유적이다. 이 유물을 복원해본 결과, 전신을 덮는 갑옷에는 미늘이 4,000장이나 들어가고 갑옷 총중량은 27kg이나 된다고 한다. 같은 시기의 미탄니 문서에 10kg 남짓한 갑옷이 언급되어 있는 것으로 보아 허리 위쪽을 보호하는 흉갑이 있었을지도 모르지만, 기본적으로 전차 위에서 이동하며 싸우는 전차병을 보호하는 것이 목적이었으므로 기동성을 중시한 흉갑을 사용하지는 않았을 것이다.

필자의 좁은 견해에 따르면 기원전 8세기 아시리아 제국 시대 이후에야 서아시아에 흉갑이 등장했고, 그때부터 대량 생산된 철제 무기를 든 보병이 대규모 집단 전투를 벌이기 시작했을 것이다. 또 이번 장 끝에서 언급하겠지만, 유럽에서는 히타이트 제국 말기인 청동기 시대에 이미 청동제 흉갑과 정강이받이가 등장했다. 람세스

쿠샤클르에서 발견된 마구간 터. 뒤쪽의 중정을 둘러싸는 형태로 말이 줄지어 서 있었던 듯하다.

3세의 메디나트하부 신전 부조에도 '해양 민족들'이 흉갑을 두른 모습으로 그려져 있지만, 서아시아에서는 이 시대까지 흉갑이 출현하지 않았다.

히타이트 전차의 위력

전차는 철과 함께 히타이트 힘의 원천으로 반드시 거론되지만, 히타이트 유적에서는 전차가 아직 출토되지 않았다. 튀르키예 남부 리다르회위크에서 전차 바퀴 자국(바퀴 자체는 부패하여 사라짐)이 발견되고 쿠사클르에서 고삐를 묶는 석제 도구가 출토되었으며 쿠샤클르 근처의 샤르크슐라에서 청동제 재갈이 출토되어 베를린 미술관에 소장되었을 뿐이다. 참고로 쿠샤클르 성문 근처에 말과 동물의 유골이 묻힌 건물 흔적이 있는데 이곳은 마구간이었던 듯하다.

유일하게 히타이트 시대의 전차가 출토된 곳이 기원전 1323년경 사망한 이집트 투탕카멘의 왕묘로, 묘 안에 바퀴를 뗀 전차가 온전히 남아 있었다. 이것은 수렵에 쓰던 가벼운 전차라고 하는데, 이집트에서는 전차 위에서 활을 쏠 때의 속도를 중시했던 듯하다. 이 시대의 이집트 부조에는 파라오가 질주하는 전차 위에서 유적마流鏑馬(말을 타고 달리면서 화살을 과녁에 맞히는 무예–옮긴이)를 즐기며 과녁을 꿰뚫는 모습이 그려져 있다. 어떤 연구자는 투탕카멘 왕묘에서 출토된 전차를 연구하여 당시 전차의 평균 속도를 시속 16~30km로 추정하기도 했다. 또 화살의 발사 속도는 1분에 6~10발 정도였다고 한다.

이미 여러 번 언급한 카데시 전투의 이집트 측 부조를 보면 이집트 전차는 2인승(마부와 사수)이고 바퀴가 차체 끝에 달려 있는 반면, 히타이트 전차는 3인승(마부, 창 든 전사, 방패 든 자)이고 바퀴가 차체의 중앙 아래쪽에 달려 있는 등 차이가 명확하다. 다만, 부조의 모든 전차가 똑같지 않으므로 도상이 정확하지 않을 수 있다.

히타이트 전차는 탑승자가 중무기인 투창을 쓰는 데다 탑승 인원도 많은 중전차라 당연히 속도가 상대적으로 느렸을 것이다. 또 바퀴에 중량이 실리는 차체 구조를 보면 애초에 이집트 전차 속도를 따라잡지 못했을 가능성이 크고 공격 병기의 속사성에서도 이집트 전차에 뒤졌을 듯하다. 물론 이것은 고대 이집트인이 남긴 도상이 정확할 때의 이야기다. 그리고 보아즈쾨이에서 출토된 문서에 전차 부대가 1만 7,000발의 화살을 마련했다는 언급이 있으므로 히타이트의 전차에서도 활을 사용한 것은 확실하다.

어떤 문서에 따르면 히타이트군은 전차 부대를 좌우 1,000량씩 둘로 나누어 두 명의 지휘관이 지휘하도록 했다고 한다. 나중에는 기병전처럼, 보병대가 적의 중앙을 맡고 전차 부대가 좌우 측면에서 공격하는 전술을 상투적으로 구사한 듯하다.

사실 처음에는 당시의 전차가 황무지나 산지를 달릴 수 있었을지 의문이었다. 완만하다고는 해도 아나톨리아에는 산지가 많기 때문이다. 그런데 당시 전쟁은 소위 '귀족 스포츠' 같은 행위여서 사전에 전차 주행에 적합한 너른 평지 등을 골라 전투를 벌였을 것으로 추측된다. 참고로 미국 영화 〈트로이〉의 도입부를 보면 양 군대가 전투를 치르기 전에 대치하는 장면을 확인할 수 있다.

그러다 언젠가부터 보병 집단전이 전차전을 대신하게 되었다. 미국의 고대 역사가 로버트 드루스Robert Drews는 이와 관련하여, 후기 청동기 시대 말기에 다시 한번 '군사 혁명'이 일어나 그때까지 전쟁을 주도했던 전차전이 장검과 흉갑을 지닌 가벼운 차림의 보병 집단전에 압도당했다는 주장을 펼쳤다.

이집트에는 보병 집단전에 특화된 용병 집단이 있었다. 유럽(사르

이집트의 벽화에 그려진 히타이트식 3인승 전차

후기 히타이트 시대의 전차를 표현한 부조_카르케미시 출토, 아나톨리아 문명 박물관

데나섬) 출신으로 보이는 '셰르덴'이다. 이들은 아멘호테프 3세(기원전 14세기 후반) 이후의 사료에 여러 번 언급되는 집단으로 카데시 전투에도 종군했는데, 기원전 1200년경에는 '히타이트를 멸망시키고' 이집트를 습격하는 '해양 민족들'의 일원이 되었다.

즉, 카스카족과 셰르덴과 '해양 민족들'이 히타이트와 이집트라는 '문명국'이 고수해온 전차전이라는 '싸움 전법'을 깨뜨려 '전쟁터에서의 하극상'을 일으키고 기존의 문명을 압도했다는 것이 드루스의 주장이다.

제11장

히타이트의 도시와 인프라

약 400년간 히타이트의 수도였던 하투샤의 위용

히타이트 제국의 행정 단위는 도시였고 도시는 각 지역의 중심이었다. 애초에 '하티'라는 국명도 '하투샤'라는 도시 이름에 기반한 지명이었다. '히타이트(하티) 왕국'의 표기가 'KUR.URU.Ha-at-ti'였는데 KUR는 나라, URU는 도시를 뜻하는 수메르어이므로 이 단어를 번역하면 '하티의 나라'가 된다. 도시가 국가를 대표했던 시대답게 도시명이 국가명이 된 것이다.

또 도시는 주변 집락(마을이나 농장)들을 관리한 듯하다. 튀르키예의 고고학자 A. 투바 외크세A. Tuba Ökse는 튀르키예 중앙부(약간 동쪽)의 시바스주에 있는 히타이트 제국 시대 유적을 조사하여, 유적들을 크기에 따라 '도시'(18ha 이상), '소도시'(7~18ha), '마을'(3~7ha), '농장'(3ha 미만)으로 분류했다. 필자는 단순히 유적의 크기만이 아

히타이트 제국의 도시 일람

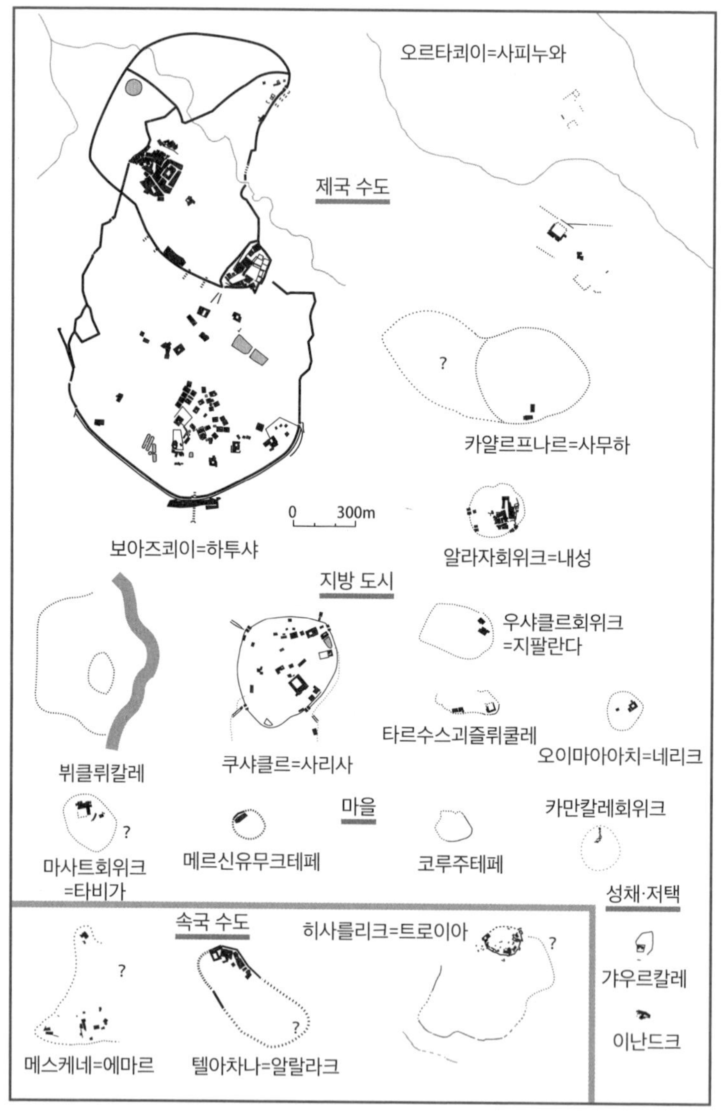

니라 성벽 유무 등도 고려해야 한다고 생각한다. 따라서 외크세가 '마을'로 분류한 유적 중에 도시인 곳도 있었을 테지만, 외크세의 분류도 하나의 기준은 될 것이다.

다만, 히타이트 제국 시대의 집락에 관한 고고학적 단서가 거의 없다. 고고학자들은 아무래도 점토판 문서가 출토될 것으로 기대되는 대형 유적이나 궁전을 발굴하기 마련이라 지금까지 '마을' 규모의 유적은 발굴된 사례가 없기 때문이다. 그러나 일본 발굴단의 조사가 이어지는 카만칼레회위크는 면적이 약 5ha에 불과해서 외크세의 분류에 따르면 '중형 마을'이 되겠지만, 필자는 대형 곡물 저장 시설 등을 갖춘 이 집락을 '마을'로 부르는 데 일정 부분 동의하지 않는다.

지금까지 히타이트 제국 시대의 유적 10여 곳이 발굴되었고, 그중 10곳에서 점토판 문서가 출토되었다. 역시 가장 큰 유적은 수도인 하투샤, 즉 보아즈쾨이로, 성벽으로 둘러싸인 구역만 180ha(약 54만 평)에 달한다. 여기에 필적할 만한 유적은 1990년대에 발굴되기 시작한 오르타쾨이(고대명 사피누와)뿐인데, 실제로 이 유적에서도 점토판 문서가 수천 장 출토되었다.

한편, 발굴된 유적 중 가장 작은 곳은 면적이 2ha(약 6,000평)쯤 되는 이난드크다. 하지만 이 유적 내 중정을 둘러싼 건물터 몇 곳에서 제례 장면을 부조로 표현한 항아리, 텔레피누 왕의 이름이 기록된 점토판 문서가 출토되었다. 발굴자 T. 외크세는, 작지만 출토품이 많이 나온 이곳이 신전이었을 것이라고 주장했지만 호족의 저택이라는 의견도 있다.

그러면 히타이트 제국의 각 도시와 도시 내의 시설 등을 살펴보자.

하투샤는 히타이트가 존속하는 동안 짧은 기간만 제외하고 줄곧 제국의 수도였다. 현재 이름인 '보아즈쾨이'는 튀르키예어로 '고개 마을'을 뜻하며, 유적에 인접한 마을은 '고개 성'이라는 뜻의 보아즈칼레로 이름이 바뀌었다.

이 거대한 유적은 19세기 전반에 처음 세상에 알려졌고 1906년에 본격적으로 발굴되기 시작했다. 도중에 중단되기는 했지만 한 세기 넘게 독일 발굴단이 조사를 계속했고, 1986년에는 유네스코 세계유산으로 등록되었다. 간선도로에서 먼 벽지이기도 해서 단체 투어를 제외하면 관광객은 거의 없다.

그래도 발굴단의 숙소가 있는 보아즈칼레 마을에는 호텔이 몇 채 있고, 크지는 않지만 유적 박물관도 있다. 남북으로 2km, 동서로 1.5km 크기인 데다 구획 내 고저의 차이도 280m나 되는 거대한 유적으로, 견학하려면 적어도 하루를 잡아야 한다. 도보로는 거의 불가능하다.

보아즈쾨이에서는 지금으로부터 8,000년 전 동석기 시대*에 사람이 살기 시작했고, 전기 청동기 시대(기원전 3000년대 후반)에는 나

* 신석기 시대 끝 무렵에서 청동기 시대로 넘어가는 과도적인 단계로, 청동이 본격적으로 사용되기 전에 순동 위주의 동기와 석기가 함께 사용되었던 시대. 동석기銅石器는 금석병용기로도 불린다.

보아즈쾨이(하투샤) 도면

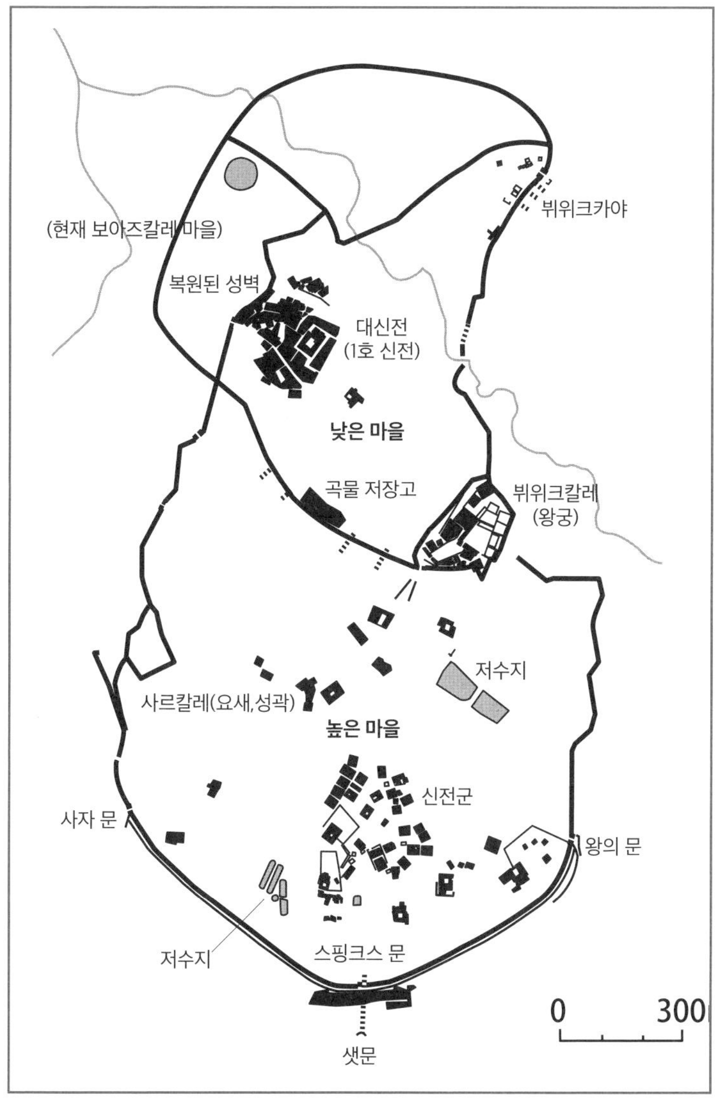
(현재 보아즈칼레 마을)
뷔위크카야
복원된 성벽
대신전
(1호 신전)
낮은 마을
곡물 저장고
뷔위크칼레
(왕궁)
저수지
사르칼레(요새,성곽)
높은 마을
신전군
사자 문
왕의 문
저수지
스핑크스 문
0
300
샛문

중에 히타이트 시대의 왕궁이 세워질 뷔위크칼레(튀르키예어로 '큰 성'이라는 뜻)의 암석을 중심으로 큰 집락이 형성되었다. 이 집락은 기원전 2000년경에 도시국가가 되었으며 이 도시국가에 아시리아 상인이 찾아와 거류지 카룸을 건설했다. 그런데 제1장에서 말한 대로, 히타이트 제국의 시조인 네샤 왕 아니타가 이 하투샤를 공격하고 파괴한 후에 저주까지 걸었다.

그러나 기원전 1600년경, 쿠사라(위치 미상)의 왕 하투실리 1세가 이 도시를 수도로 선택했다. 그리고 자신의 이름을 '하투샤 사람'을 의미하는 '하투실리'로 바꾸고 국호를 '하티국'으로 정했다. 이후 약 400년간, 무와탈리 2세 때(기원전 1300년 전후) 타르훈타사로 잠시 수도를 옮겼을 때만 빼고 이 도시는 줄곧 히타이트의 수도였다. 카스카족에게 공격당해 불탄 적도 있었지만 말이다.

최근 화학적 연대 측정에 따르면, 하투실리가 수도를 정한 당시 하투샤의 면적은 최대 면적이었을 때의 절반쯤 되었으며, 아직은 나중에 '낮은 마을'로 불리게 될 북쪽 구역만 존재했던 듯하다. 그러나 기원전 16세기 후반(텔레피누 왕 시대?)에 '높은 마을'로 불리는 남쪽 영역이 새로 생기면서 총면적이 180ha에 이르게 되었고 주위를 7km짜리 성벽으로 둘러싸게 되었다. 이 부지와 성벽이 현재까지 유적으로 남아 하투샤의 위용을 전해주고 있다.

보아즈쾨이 성벽의 복원 공사 현장(2005년)

성벽 복원 작업으로 추측해본 하투샤 도시 건설 과정

하투샤 전체를 둘러쌌던 성벽은 '포곽식 성벽*'이었으며 하부(높이 3m 정도)는 돌, 상부는 일건日乾 점토 벽돌과 목재의 조합으로 구성되었다. 건조하지만 석재와 목재가 풍부했던 아나톨리아의 국가답게 히타이트 건축은 돌과 점토와 목재를 절묘하게 조합한 것이 특징이다. 2005년을 전후하여 보아즈쾨이의 발굴단장을 지낸 위르

* 砲郭式 성벽은 도시를 보호하기 위해 성벽을 이중으로 쌓고 격벽을 두어 방을 만든 상자형 구조로, 저장이나 주거 목적으로도 쓰였고 빈 곳을 흙과 바위로 채우기도 했다. 근대 이후에는 포병이 총포를 쏘며 몸을 지키기 위한 구조물로 쓰였다.

보아즈쾨이, 뷔위크칼레_왕궁 지구

겐 제어는 옛날과 똑같은 소재로 유적의 입구 요금소 옆에 이 성벽을 복원했다.

때마침 그 현장을 찾아갈 기회가 있어 필자도 복원 작업에 대한 설명을 들을 수 있었다.

먼저, 점토와 물과 잘게 자른 짚을 섞어 형틀에 넣고 약 34kg짜리 벽돌(45×10cm) 한 개를 만들어 추출한 다음, 2주간(여름의 경우) 햇볕에 말려 일건 벽돌을 만든다. 그렇게 완성한 벽돌을 무수히 쌓아 올리고 지붕에 나무 들보를 올린 후 석탄을 섞은 점토를 바른다. 바퀴 하나짜리 손수레로 높은 곳에 벽돌을 운반하려면 토사를 쌓아 비스듬한 경사로를 만들어야 했는데, 이 경사로를 만드는 데만 트

랙터와 불도저를 활용하고 그 외의 작업은 30명쯤 되는 사람의 손으로 전부 해결했다고 한다.

약 30명의 인원과 불도저 등 중장비를 동원하여 높이 7m(탑 부분은 13m), 길이 65m의 성벽을 쌓는 데 햇수로 3년이 걸렸다. 게다가 6만 4,000개의 일건 벽돌을 만드는 데 점토 2,700톤, 물 1,500톤, 짚 100톤이 들었으며 비계용 토사도 1,750톤이나 들었다고 한다.

하투샤 성벽 전체의 1%에 불과한 65m짜리 성벽을 쌓는 데 물자와 시간이 이만큼 들었는데, 왕궁 및 신전들과 주택 등 성벽 이외의 건축물까지 포함한 하투샤 도시 전체를 구축하려면 얼마만큼의 물자와 노동력이 투입되었을까? 생각하면 아득해질 따름이다.

참고로, 이 작업에 햇수로 3년이나 걸린 것은 단순히 노동자의 수가 부족하거나 건설 규모가 컸기 때문만은 아니었다. 겨울 전후로 눈과 비가 비교적 많이 내리는 아나톨리아에서는 이 계절에 점토 회반죽이나 일건 벽돌의 표면이 물기에 녹아내려 해마다 다시 칠해야 했기 때문이다. 말하자면 겨울에는 강우와 적설 탓에 작업 자체가 어려운 데다 건설 도중 겨울에서 봄 사이에는 성벽 표면의 점토(회반죽)가 벗겨진 부분을 보수해야 하는 어려운 사정이 있었다.

성벽은 건설하는 것뿐 아니라 유지하는 것도 노력이 많이 드는 일이었다. 현재 발굴단장을 맡고 있는 안드레아스 샤흐너Andreas Schachner가 "매년 봄에 표면 보수를 하지 않으면 이 성벽도 10년 후에 거대한 흙더미가 되어버릴 것"이고 말할 정도다.

보아즈쾨이의 '땅의 문'과 '스핑크스 문'

성벽으로 둘러싸인 왕궁과 신전들

하투샤의 남쪽 절반(높은 마을)은 확실히 이중 성벽으로 둘러싸여 있으며 그 남단에 성벽 아래를 통과하는 250m 길이의 터널형 통로(샛문)가 있고 그 안에는 문 양쪽에 스핑크스상이 지키고 있는 '스핑크스 문'이 있다. 이 스핑크스 문은 하투샤에서 가장 높은 지점에 있어 북쪽의 '낮은 마을'에서도 보인다.

샛문은 일본에서는 '돌격문'으로 불리는데, 군사 목적으로 만들어졌다는 추측에 따라 붙인 이름이긴 하지만, 튀르키예어로는 단순히 '땅의 문'을 뜻하는 '예르카프'로 불린다. 바깥쪽의 거대한 돌담

보아즈쾨이의 '사자 문' 안쪽. 최근에 왼쪽 사자의 얼굴이 상상으로 복원되었다.

보아즈쾨이의 '왕의 문' 바깥쪽에 있는 진입로

성벽과 탑을 본뜬 토기
_보아즈쾨이 출토,
아나톨리아 문명 박물관

이 무척 위엄 있어 보여 군사 목적으로 쓰였을 것 같기도 하다. 그러나 2002년에 터널 내부 벽면에 적힌 수많은 상형문자가 발견되면서 실제로는 종교 의례에 쓰였던 문으로 밝혀졌다.

'높은 마을'의 남동쪽에는 문 안쪽을 인물 부조로 장식한 '왕의 문', 남서쪽에는 안쪽 좌우를 사자상이 지키는 '사자 문'이 있다. 두 문의 바깥쪽에는 경사진 진입로가 있는데 전차가 주행하는 길이었을 것이다. 또, 지금은 사라졌지만 두 문 위에는 아치 모양으로 거석이 쌓여 있었다.

'왕의 문'에 있는 인물상(226쪽 참조)은 상반신은 벌거벗고 허리에만 천을 걸쳤으며 투구, 즉 신격을 상징하는 소뿔 각관角冠과 도끼로 무장한 모습이다. 수염이 없어서 여성이라고 주장하는 사람도 있었지만 잘 보면 가슴에 털이 나 있는 남성이다. 하투샤의 다른 문에는

보아즈쾨이의 '높은 마을'에 있는 신전들

이런 부조가 없으므로 이 문과 스핑크스 문은 특히 의례에 중요한 역할을 했을 듯하다.

'높은 마을'에는 30곳 이상의 크고 작은 신전, 저장과 의례에 활용된 저수지, 천연 암석 위에 석벽을 쌓아 만든 시설인 니샨테페 · 크즐라르카야스 · 예니체칼레 · 케시크카야 · 사르칼레 등이 있다. '높은 마을'에 왜 이렇게 신전이 많은지는 밝혀지지 않았지만, 제국 각지의 신들을 모시는 신전들이라는 설이 있다.

이 신전들은 히타이트 제국의 멸망보다 조금 이른 기원전 13세기 중반에 거의 버려졌고, 그 빈터에는 토기 공방이 들어섰던 듯하다. 암석 위에 석벽을 쌓은 시설들은 아직 용도가 완전히 밝혀지지 않

보아즈쾨이의 대신전과 주변 포장도로

았지만(일부 바위는 채석장으로도 이용되었음), 어쩌면 지금까지 발견되지 않은 히타이트 왕의 사당 같은 곳이었는지도 모른다. 참고로, 사르칼레 서쪽에 있는 계곡의 바닥에는 대신의 저택으로 추정되는 건물 몇 채의 흔적이 나란히 발견되었다.

하투사 유적 중앙부의 바위산(50×300m) 위에 있는 뷔위크칼레(큰 성)는 왕궁 지구에 해당하는 곳으로, 뒤쪽에 깊은 골짜기가 있는 데다 지구 전체가 엄중한 성벽으로 둘러싸여 있었다. 규모는 16.5ha 정도로, 내부에는 10채 이상의 건물이 중정을 둘러싸는 형태로 배치돼 있었고 그 외에도 나무 기둥이 늘어선 열주 형태의 알현용 건물, 왕의 사적 공간(후궁)에 해당하는 건물, 수많은 점토판을 보관하는 문서고, 의례를 실시하는 인공 연못 등이 있었다.

앞서 말한 성벽 복원 작업 당시 J. 제어 전 발굴단장은 "처음에 궁전을 복원하려 했으나, 궁전은 외견이 별것 없을 것 같아서 성벽을 복원하기로 했다"고 말했다. 아마 궁전은 외견상 직방체 모양의 커다란 흙색 건물이 빽빽이 들어선 모습이었을 것이다. 참고로, 발굴 조사뿐만 아니라 관광객을 유치할 만한 건축물을 복원할 것을 독일 발굴단에 의무화한 측은 발굴 허가를 내준 튀르키예 정부였다.

유적의 북쪽 절반에 해당하는 '낮은 마을'에는 대신전(1호 신전)과 그 주변 창고들, 신전에서 일하는 사람을 포함해 일반 서민의 주거지 등이 있었다. 중심의 대신전은 42×65m 규모로, 다른 신전과 마찬가지로 넓은 중정을 작은 방들이 둘러싸는 구조다. 북쪽 끝에 두 개의 예배실이 있는데, 이렇게 예배실이 둘인 신전은 이 대신전뿐이다. 아마 히타이트의 최고 신인 '하티의 기후 신'과 '아린나의 태양 여신'을 각각 모셨던 듯하다.

대신전 주변의 120×200m에 달하는 땅에 길쭉한 방으로 된 창고가 신전을 둘러싸듯 배치되어 있었고 사람이 들어갈 만큼 거대한 큰 항아리가 각 방을 가득 메우고 있었다. 아마 그 항아리 안에 저장된 곡물이나 포도주로 신전의 경제력과 권위를 짐작할 수 있었을 것이다.

사실 대신전 지구 주변은 온통 권위로 넘친다. 정교하게 가공한 거석으로 모든 건물의 기초를 쌓았고 길도 거석을 메워 포장했으니 신전 건축에 얼마나 엄청난 노력이 들었을지 헤아릴 수조차 없다. 일건 벽돌로 만든 건물이어서 상부 구조는 흙으로 돌아가고 지금은 하부만 남았지만, 당시에는 얼마나 호화로웠을지 상상이 간다.

이와 관련하여, '낮은 마을'의 남단에서 기원전 16세기 후반에 건설된 곡물 저장 시설이 발견되었으며 그 내부에서 탄화한 곡물이 4톤이나 출토되었다. 이만한 도시를 건설하고 유지하려면 당연히 많은 노동자가 필요했을 텐데 이 곡물이 그들을 먹여살렸을 것이다. 계산 결과, 이 시설에는 2만~3만 명을 1년간 먹일 만큼(4,000~6,000톤으로 추정)의 곡물을 저장할 수 있었다고 한다. 참고로, A. 샤흐너 발굴단장은 하투샤의 당시 인구를 1만~1만 2,000명 정도로 추정했다.

상수도와 저수지 등 급수 시설까지 갖춘 도시

1980년대까지 히타이트 제국에 관한 연구는 보아즈쾨이의 발굴 성과와 쐐기문자 점토판 문서 해독의 성과에 크게 의존했다. 알라자회위크, 마사트회위크 등의 발굴로 대규모 신전과 궁전이 발굴되기는 했지만, 히타이트 지방 도시의 전모를 밝히기에는 역부족이었다.

그 흐름을 바꾼 사건이 1990년대에 오르타쾨이와 쿠샤클르의 발굴이었다. 오르타쾨이에서 점토판 문서 수천 장이 출토된 후로 연

쿠샤클르(사리사) 도면

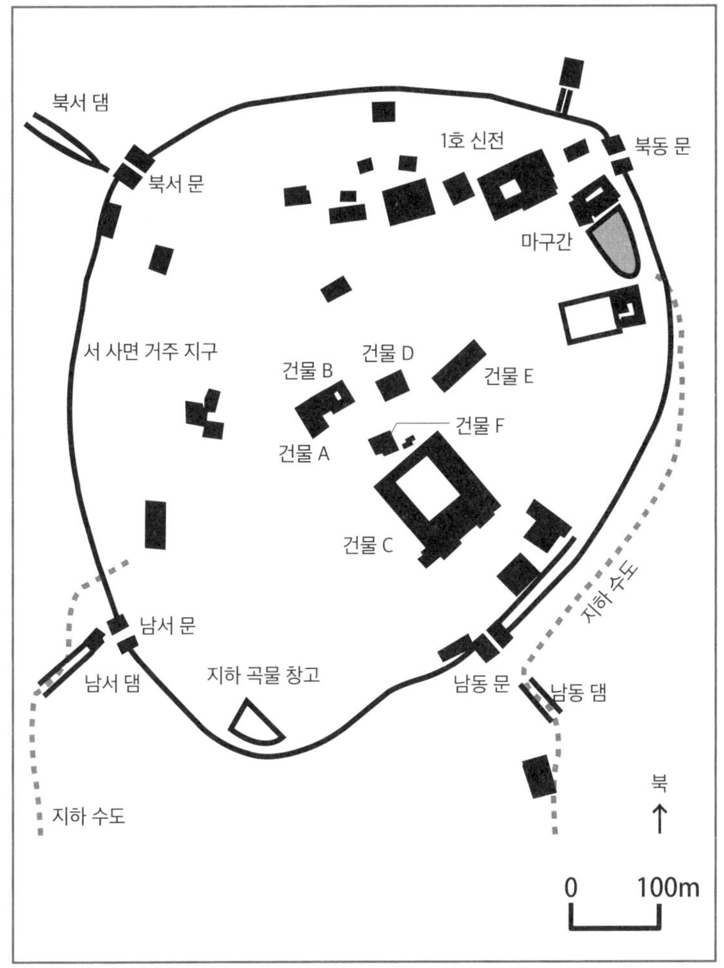

구의 중점이 문서 해독으로 옮겨가면서 고고학적 연구가 잠시 뒤로 미뤄진 듯도 했지만, 쿠샤클르가 발굴되자 고고학자들이 자연과학자들과 협동해가며 히타이트 제국 시대의 실상을 차례차례 파헤쳤

다. 쿠샤클르 발굴단장이 독일 마르부르크 대학의 A. 뮐러 카르페 교수였는데, 필자도 이 대학의 대학원생으로 발굴 작업에 참여했다.

쿠샤클르는 튀르키예 중앙부에서 약간 동쪽으로 치우친 시바스주의 한 지역으로, 지름 600m 정도의 부정형 원형을 띤 도시 유적이다. 면적은 수도 하투샤의 딱 10분의 1인 18ha지만, 뮐러 카르페 교수가 최근 저서에서 성벽 바깥쪽(북쪽)에도 거주지가 있다고 했으므로 앞으로 면적이 더 커질 수도 있다. '쿠샤클르'란 튀르키예어로 '띠 모양'이라는 뜻으로, 유적 중앙의 작은 언덕을 둘러싸고 성벽이었던 부분이 고리 모양으로 솟아오른 모습을 연상시킨다.

히타이트 왕국 초기인 기원전 16세기 후반, 즉 여기에 도시가 건설되기 전에는 사람이 살았던 흔적이 없는 것을 보면 쿠샤클르는 히타이트 왕국이 계획적으로 건설한 신도시인 듯하다. 그래서 4개의 성문이 동서남북에 대응하는 방위에 각각 배치되었으며 신전도 일정한 축선을 따라 늘어서 있다.

히타이트가 멸망한 후 이곳에는 사람이 거의 살지 않아서 퇴적물이 두껍게 쌓이지 않았다. 이런 특성은 20세기 말에 기술이 향상된 지중 탐사 작업에 특히 큰 도움이 되었다. 실제로 1992년에 밭이었던 땅에서 점토판 조각이 발견된 것을 계기로 유적 발굴이 시작되었다.

'사리사'는 출토된 토기 조각에 '사리사의 왕'이라는 상형문자가 쓰여 있어서 알게 된 고대도시 이름이다. 기원전 1259년에 히타이트와 이집트가 체결한 평화 조약 문서에서 양국의 왕이 신에게 맹

소 두 마리를 본떠 만든 술그릇
_쿠샤클르의 건물C에서 출토

세할 때 '사리사의 기후 신'을 언급한 것을 보면 이 도시가 히타이트에서도 꽤 중요했던 모양이다.

앞서 말한 대로 퇴적물이 두껍게 쌓이지 않은, 좋은 조건의 발굴 환경 덕분에 지중 탐사가 큰 위력을 발휘하여, 쿠샤클르는 어림짐작으로 발굴하지 않고 어디에 어떤 규모의 건물이 묻혀 있는지 사전에 추측하여 발굴할 수 있었다. 1993년부터 2004년까지 작업한 결과, 성벽 안에서는 A~F로 번호가 매겨진 건축물, 1호 신전, 서쪽 사면의 거주 지구, 남동 문과 북서 문, 마구간, 지하 곡물 저장 시설, 성벽 일부 등이 발굴되었다. 또 점토판 문서는 40점쯤 출토되었다.

이중 가장 큰 건축물은 '사리사의 기후 신'을 모셨던 신전으로 추정되는 '건물 C'다. 큰 중정을 갖춘 77×74m의 건물로 단독 신전으로는 히투샤의 대신전보다 크므로 지금까지 발견된 히타이트의 신

지하 곡물 창고의 벽과 토기 굽는 가마_쿠샤클르 출토

전 중 최대 규모다. 이 신전 내부에서는 맥주를 양조하고 저장했던 방, 수양 두 마리(기후 신의 전차를 끄는 후리와 셰리)를 본뜬 토기 각배(술그릇)가 출토되었다.

기원전 16세기 말에 세워진 이 건물은 유적 전체의 사면 경사에 맞추어 부분적으로 3층이 되는 구조였다. 그리고 기원전 14세기 초에 불이 난 듯한데, 새빨갛게 탄 일건 벽돌과 소실된 나무 기둥의 흔적, 붕괴한 2층의 바닥 등이 당시 화재가 격렬했음을 보여준다.

유적의 남서쪽 구석에서는 지중 탐사를 통해 'D'자 모양으로 최대폭 40m의 거대한 시설을 발견했다. 그래서 일부를 파보았더니 두께 5m, 추정 높이 3m의 제방으로 둘러싸인 지하 곡물 창고가 나

북서 댐 전경_쿠샤클르

타났다. 그 넓이는 1,200m²로 720톤의 곡물을 저장할 수 있었으며 이것으로 약 4,000명을 1년 동안 먹여살릴 수 있었다고 한다.

성벽 바깥에서도 지중 탐사가 위력을 발휘한 덕분에 지표에서는 전혀 보이지 않는 댐의 존재를 알아낼 수 있었다. 이 유적지는 남쪽에 산지가 있어서 북쪽을 향해 지표나 지하로 물이 흐르는데, 그 물을 저장할 댐(아마도 수로 겸용)이 마을 주위 세 곳에 구축되어 있었다. 북서 댐의 벽은 길이가 60m, 높이가 5m, 바닥 폭이 15m에 달하며, 댐 벽의 경사 각도는 34도로 안식각*을 의식하여 구축된 듯하

---

* 安息角. 암석의 파편이나 풍화 생성물 등이 경사진 면에서 흘러내리지 않고 머무를 수 있는 최대각.

밭에서 발견된
히타이트 시대의 수도관
_쿠샤클르

다. 벽면에는 돌을 빈틈 없이 쌓았고 댐 내부 벽체의 깊숙한 곳에는 물이 스며들지 않도록 치밀한 점토를 채워놓았는데, 이것은 현대의 댐과도 비슷한 구조다. 히타이트 시대에 일부가 무너진 듯하지만, 지금도 큰비가 내리면 여기에 물이 고일 때가 있다.

그리고 지중 탐사 결과 유적 남쪽에서 성벽 안쪽을 향해 간헐적으로 아노말리(자기 이상 현상)가 이어지는 것이 확인되었다. 어느 날 아침에 조사해보라는 지시를 받고 성벽 바깥쪽의 특정 지점으로 가보았지만 밭으로 쓰이고 있는 그곳의 지표에는 아무것도 없었다. 하지만 땅을 조금 팠더니 길이 1m, 지름 30cm 정도의 토관(흙을 구워 만든 파이프)이 몇 개나 이어져 있었다. 농사에 방해가 되지 않도록 기록용으로 하나만 뽑아내고 나머지는 바로 다시 묻었다. 히타

카얄르프나르 발굴 현장(2005년). 뒤쪽에 '붉은 강'이 보인다.

이트인은 제례에 깨끗한 물을 쓰려고 애썼는데, 그래서 깨끗한 물을 시내로 공급해줄 상수도 시설을 설치했던 듯하다. 아마 수천, 수만 개의 비슷한 토관, 즉 수도관이 유적 주변의 밭에 아직 묻혀 있을 것이다.

쿠샤클르 발굴을 통해 보아즈쾨이 이외의 히타이트 도시 유적의 전모가 처음으로 드러났고 히타이트인의 생활과 기술에 관한 정보가 다양하게 알려졌다. 그 성과가 보아즈쾨이를 비롯한 다른 유적에 응용된 덕분에 보아즈쾨이에 수도 및 저수지 등 급수 시스템이 존재했다는 사실을 밝힐 수 있었다.

현재는 보아즈쾨이 외에 카얄르프나르(고대명 사무하) · 뷔클뤼칼레 · 카만칼레회위크 · 오이마아아치(고대명 네리크) · 우샤클르회위크(고대명 지팔란다?) · 오르타쾨이(고대명 사피누와) 등에서 히타이트 시대의 도시 유적 조사가 계속되면서 점토판 문서가 속속 발견되고 있다. 이중 특히 오이마아아치에서는 지하 터널 형식의 제사 시설과 카스카족에게 점령당했던 당시의 칠무늬토기가 출토되었고 일본 발굴단이 발굴 중인 뷔클뤼칼레에서는 중왕국 시대의 점토판 문서가 출토되었으며 우샤클르회위크에서는 세계 최초의 모자이크 포석(단순한 기하학 패턴)이 출토되었다. 이들 유적에서 또 무엇이 발견될지 기대가 커지고 있다.

제12장

히타이트인의 삶과 생활

흉작에 대비한 곡물 창고와 저수지

히타이트 제국의 중심지는 현재 튀르키예 공화국 중앙부의 북쪽 지역, 즉 크게 굽어지며 흐르는 '붉은 강'(튀르키예어로는 '크즐으르막)', 히타이트어로는 '마라샨티야', 고대 그리스어로는 '할뤼스강'으로 둘러싸인 지역이다.

'붉은 강'은 아나톨리아 동부에 수원이 있어 처음에는 서남서로 흐르지만, 아나톨리아의 중앙부, 즉 기암으로 유명한 카파도키아 지방에 접어들면 흐름을 북쪽으로 크게 꺾었다가 다시 북동 방향으로 꺾어 흑해로 빠진다. 산이 많은 아나톨리아의 복잡한 지형이 만들어낸 경로다. 이 강이 '붉은 강'으로 불리게 된 것은 특히 수량이 많아지는 봄철에 철분을 많이 포함한 아나톨리아의 토사가 흘러들어 강물이 붉게 보이기 때문인데, 한해 내내 붉게 보이는 것은 아니다.

이 지역은 대부분이 표고 800m 이상의 고지에 있어 흑해 부근의 북쪽 지역을 빼면 대부분 스텝 기후를 보인다. 그래서 여름에는 매우 덥고 극도로 건조하며 겨울에는 추위가 심하고 눈이 많이 쌓인다. 사계절이 있어 봄에는 날씨가 온난하고 초록이 무성해지지만, 여름에는 날씨가 극도로 건조해지고 강수량도 줄어든다. 가을에는 기온이 서서히 내려가고 강수량이 늘며, 겨울에는 심한 추위가 닥치고 눈이 많이 내린다. 겨울 중 한두 달은 눈이 녹지 않고 쌓여 있다.

연간 강수량은 남쪽 지역이 300~400mm, 많은 편인 흑해 연안도 1,000mm로, 상당히 적다(한국의 경우 1,283mm). 그래도 연간으로 치면 강수량이 어느 정도 되는 편이고, 최초의 고대 문명이 탄생한 메소포타미아나 이집트처럼 한 해 내내 거의 비가 내리지 않거나 한 계절 내내 비가 전혀 내리지 않는 것은 아니어서 수목이 비교적 넓은 지역에 번성했다.

강수량은 생활을 지탱하는 농업에 특히 큰 영향을 미친다. 약 1만 년 전에 서아시아에서 농경과 목축이 시작된 이래, 주식인 밀을 인공적 관개에 의존하지 않고 빗물과 눈 녹은 물로만 짓는 천수 농경으로 재배하려면 최소한 연간 200~250mm의 강수가 필요했다.

다만 건조한 지역에서의 천수 농경은 매우 불안정하다. 20세기 중반에 33년간(1929~1961년) 튀르키예 정부가 작성한 통계를 보면 평균적인 작황이 14년이었고 풍작은 10년, 강수 부족과 가뭄 등에 따른 흉작이 9년이었다. 평균 정도의 작황일 때는 1ha당 밀을 700~

여름의 '붉은 강'

800kg 수확할 수 있었고 풍작일 때는 900~1,000kg, 흉작일 때는 500~600kg를 수확할 수 있었다. 또 33년 중 2년의 대흉작 때는 평년의 절반 이하인 400kg도 채 수확하지 못했다.

그리고 밀은 3월 이후로 꾸준히 비가 내리지 않으면 작황이 나빠졌지만, 수확기인 7월 직전에 비가 내리면 작황이 좋아졌다. 다만, 비가 너무 많이 오거나 너무 오래 오면 곡물 이외의 과일 작황이 나빠졌다. 그러니 비가 많이 온다고 좋은 것도 아닌 셈이다.

20세기에도 이만큼 불안정했으니 3,000년 전의 히타이트 시대에는 기후 불순이나 전란, 전염병 등 다양한 원인으로 흉작이 되는 해가 많았을 것이다. 고왕국 시대인 기원전 16세기에는 그런 위험에 대비하기 위한 대규모 곡물 창고인 지하 곡물 저장 시설와 저수지인 댐이 각 도시에 건설되었다. 또 히타이트 제국 말기인 기원전 13세기에도 각지에 저수지나 곡물 창고가 지어졌다.

히타이트가 성립하기 약 2000년 전, 고대 메소포타미아 초기의 문명국가인 수메르 도시국가가 번영할 수 있었던 것은 집중적으로 관리된 관개 농경 시스템으로 높은 수확률을 실현한 덕분이었다. 당시 수확률이 때때로 파종량의 수십 배에 달했다고 하니 놀라울 따름이다. 유감스럽게도 히타이트 농업의 수확률은 기록으로 남아 있지 않지만, 16세기경 오스만 제국 시대의 아나톨리아에서는 파종량의 약 10배를 수확했다는 기록이 있다. 기후 등에 큰 차이가 없다고 가정하면 히타이트 제국 시대의 최대 수확률이 대략 그쯤 되었을 것이다.

당시 농업에 영향을 미친 기후 변동이나 고대 환경 복원에 관한 연구는 20세기 말에 크게 도약했다. 호수 바닥의 퇴적층에 구멍을 깊이 파내 지층의 구조와 상태를 조사하는 보링작업을 이용한 환경 고고학 덕분이다. 이렇게 토양을 채집하여 그 토양에 남아 있는 꽃가루 화석을 분석함으로써 주변에 무성했을 수목 종류 등 그 지역의 시대별 식생의 변천을 되짚을 수 있다.

그 연구 성과를 종합하면, 히타이트가 존속한 기원전 17~13세기에 히타이트가 있던 지역에는 건조한 기간과 습윤한 기간이 번갈아 찾아왔다고 한다. 기원전 1550~1450년경인 고왕국 시대 후반부터

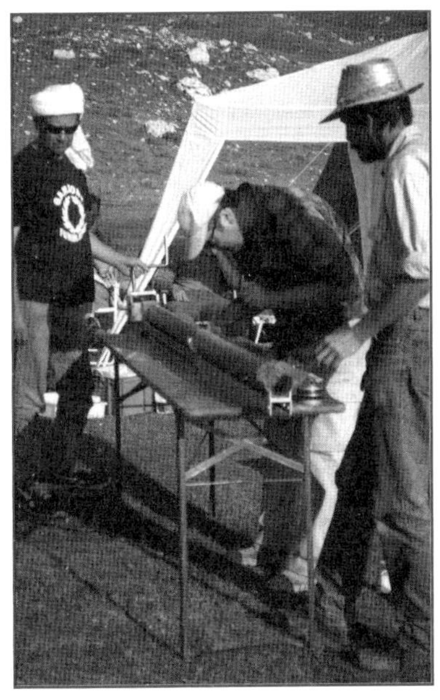

고대 환경 복원을 위해
호수 바닥에서 채집한
보링 토양 샘플을 조사하는 장면

중왕국 시대 전반, 그리고 중왕국 후반에 해당하는 기원전 14세기 전반에도 건조기가 찾아왔던 듯하다. 그리고 히타이트 제국 말기에 해당하는 기원전 13세기(신왕국 시대 혹은 제국기) 이후에는 몇 세기에 걸쳐 극심한 건조기가 계속되었다.

인간은 흉작을 극복하기 위해 회복 탄력성을 발휘해가며 온갖 노력을 기울여왔다. 히타이트인들도 곡물 창고와 저수지를 마련하여 위기를 여러 번 극복했다. '건기로 인해 국력이 약해졌다'라는 단순한 논리 전개는 피해야겠지만, 히타이트 제국 말기의 건기는 제국이 쇠락의 길로 접어드는 데 확실히 큰 영향을 끼쳤다. 직접적인 원인은 내분 또는 외적의 침입 때문이라고 밝혀져 건기가 제국 멸망

황량한 쿠샤클르 주변. 히타이트 이전에는 여기에도 숲이 있었다.

의 직접 원인은 아니라 해도, 그 기간이 이례적으로 길었던 탓에 흉작이 계속 이어졌고 히타이트 제국을 지탱해왔던 시스템 붕괴에 영향을 준 것은 사실일 것이다.

기후 변동 이외에 인간이 자연에 미친 영향 혹은 파괴도 생각해보아야 한다. 쿠샤클르가 있는 곳은 표고가 1,700m 가까이 되는 한랭 고지로 1만 년 전부터 침엽수림이 숲을 지배해왔다. 그런데 고대 환경 연구가들이 쿠샤클르 주변의 호수 바닥에서 깊이 6m의 보링으로 얻은 토양 표본을 조사한 결과, 히타이트가 여기에 사리사(쿠샤클르의 고대명)를 건설한 기원전 16세기 후반부터 침엽수림이 후퇴하고 참나뭇과 식물이 증가했다고 한다. 당시에 기후가 점점 건조해지고 있어서 그나마 침엽수림이 남아 있는 고지에 예외적으로 도시를 건설한 것이 아니었을까?

게다가 사리사가 건설된 이후 주변 수목의 꽃가루 비율이 급격히 감소하는데, 이것은 히타이트인들이 농지를 개발할 때 삼림을 벌채했기 때문일 것이다. 현재 이 유적 주변에는 숲이 전혀 없고 기껏해야 관목이 듬성듬성 난 민둥산이 있을 뿐이다. 인간의 활동과 기후의 건조화가 합쳐진 결과, 히타이트 시대 이후 이 지역의 삼림은 아직도 부활하지 못하고 있다. 유적 근처 마른강의 토양도 분석해보았는데, 20세기 이전의 수천 년 동안 토양 유실 및 강바닥 퇴적이 가장 심했던 때가 히타이트 시대와 로마 시대였던 것으로 밝혀졌다. 인간의 활동이 주변 환경에 얼마나 큰 영향을 미치는지 알 수 있다.

소를 중시하고 빵을 사랑한 히타이트인

히타이트의 유적에서는 다양한 유물이 출토되고 있다. 그 유물 중에서도 동물 뼈를 분석하여 과거 사람들의 생활을 직접적으로 증명하는 분야를 동물 고고학이라 하고 식물에 남아 있는 물질을 분석하여 식생활을 복원하는 분야를 식물 고고학이라 한다. 20세기 후반 이후 동물 고고학과 식물 고고학은 유적 조사의 필수 분야가 되었다. 이제 그 두 가지를 빼고는 발굴 조사나 고고학 연구를 생각할 수 없을 정도다. 심지어 최근에는 사람 뼈 또는 토기 표면에 붙어 있거나 안에 들어 있었던 식물의 흔적을 통해 탄소 · 질소 등의

양은 히타이트 시대에 가장 흔했던 가축이다.

안정 동위체*를 측정하여 당시 사람들이 일상적으로 어떤 음식을 먹었는지도 추측할 수 있게 되었다.

동물 고고학의 성과에 따르면, 히타이트 시대에 가장 흔했던 가축은 염소 또는 양인데(뼈로는 염소와 양을 구별하기 어려움), 이것은 농경과 목축을 복합적으로 실시했던 서아시아 지역에 공통된 특징이다. 염소와 양은 고기 외에 양모와 염소젖을 제공하는 데다, 건조지가 많고 식물이 풍부하지 않은 서아시아의 환경에서도 잘 살아남

* 동위 원소 중 방사능이 없어서 핵붕괴를 일으키지 않는 안정한 원소. 이론상으로는 붕괴하지 않고 영원히 존재한다. 따라서 동식물 유해의 동위 원소를 분석하여 개체가 생전에 어떤 음식을 먹었는지, 주변 생태 환경이 어땠는지 추측할 수 있다. 참고로 동위 원소란 화학적 성질은 같으나 질량이 다른 두 원소를 말하는 것으로, 과학·의료·고고학·생태학·범죄감식 등 다양한 분야에 활용된다.

튀르키예 현지의 양치기 개

는 귀한 가축이었다. 그래서 히타이트 사람들은 신에게 제물을 바칠 때나 내장 형태나 색을 보고 점을 칠 때 언제나 양을 활용했다.

다만, 출토된 뼈의 개수로는 염소와 양이 전체의 과반을 차지하지만, 중량으로는 소가 상당한 비중을 차지한다. 소는 뼈가 크고 무겁기 때문인데, 이런 점에서 소 사육이 히타이트의 목축에서 매우 중요했다고 할 수 있다. 서아시아에는 풀과 물이 대량으로 필요한 소 사육에 적합한 지역이 많지 않지만, 강수량이 비교적 많은 아나톨리아에서는 다행히 소가 사육되었다. 소는 고기 외에 우유를 제공하는 역할도 했으나 오히려 농사에서 대형 쟁기를 끄는 역할이 더 중요한 부분을 차지했다. 수소는 힘과 풍요, 히타이트의 최고 신

수렵 장면을 그린 부조_알라자회위크 출토, 아나톨리아 문명 박물관

인 기후 신 테슙을 상징하는 존재로, 신의 세계를 표현한 그림이나 조각상에도 종종 등장했다. 일부 연구에 따르면 히타이트 고왕국과 중왕국에서는 소 · 염소 대 양의 비율이 2대 3이었다고 한다.

그 외에 히타이트 유적에서는 말 · 당나귀 · 개 · 돼지 등 가축 외에 야생 동물인 사슴 · 늑대 · 토끼 · 오로크스(멸종된 야생 소) · 여우 · 조류 · 어류 등의 뼈도 출토되었다. 말은 말할 것도 없이 전차를 끄는 병기로 사육되었고 당나귀는 인간과 짐을 나르는 운반 수단으로 사육되었다. 출토된 뼈 개수의 1~2%를 차지하는 야생 동물은 오로지 식용으로 활용되었지만 극히 일부는 귀족의 스포츠로 사냥당하기도 했을 것이다. 이 외에 출토 사례는 적지만 닭(남아시아 원산이라 당시에는 희소했음)이나 오리, 거위도 키웠던 듯하다.

한편, 왕의 식탁에는 특이하게도 문서에만 언급되었지만 굴 등 해산물이 오르는 일이 종종 있었다. 왕에게 바치는 이런 희소한 식재를 보존하는 데는 소금이 쓰였다고 한다. 소금이 양념뿐만 아니라 보존 용도로도 쓰인 것이다.

이번에는 식물 고고학 이야기로 넘어가보자.

유적에서 출토된 식물의 흔적은 주로 탄화한 씨앗 형태로 남게 된다. 탄화한 덕분에 부패하지 않은 것이다. 이와 관련하여 1998년 히타이트의 수도 보아즈쾨이 유적에서 기원전 16세기의 거대한 곡물 창고(33×40m)가 발견되었다. 이 창고는 32개의 방으로 나뉘어 있는데 최근 연구에 따르면 각 방에 보관된 곡물이 제각각 다른 지방에서 운반되었다고 한다. 각지에서 대량의 곡물을 세금으로 보낸 것이다. 분석 결과, 방 4개에 보관된 두줄보리*를 제외하고는 전부 다 밀이었다. 농업 생산, 특히 곡물 농사가 히타이트 제국을 지탱했음을 알 수 있다.

히타이트 유적에서 주로 출토되는 곡물은 외알밀** · 전분밀*** · 빵밀 · 보리다. 곡물 외에도 렌즈콩 · 풀완두**** · 완두콩 등 콩류, 그리

---

* 이삭에 알이 두 줄로 붙으며 여무는 보리. 맥주 양조에 쓰므로 맥주보리라고도 한다.

** Einkorn. 고대 밀의 한 품종으로 작은 이삭에 열매가 한 알씩 열린다.

*** Emmer. 고대 밀의 한 품종. 엠머(전분밀), 아인콘(외알밀), 스펠트Spelt 등 세 종류의 밀을 '파로 Farro'라고 부르는데, 셋 중 엠머의 요리 품질이 가장 좋다고 알려져 있다.

**** Grass pea, 독성이 있지만 건조한 지역이나 메마른 땅에서도 생육한다.

고 포도 · 올리브 · 헤이즐넛 · 무화과 · 수영(마디풀과 다년초) 등 식물이 출토되고 있다. 또, 식용은 아니지만 옷감의 재료인 아마도 출토되었다.

다만, 앞에서도 말했다시피 히타이트 연구자들이 지금까지 도시 유적을 집중적으로 발굴했기 때문에 도시 밖에서 재배했던 식물의 정보는 그다지 알려지지 않았다. 그래도 문서 사료를 참고하면 교외 주택에 딸린 텃밭이나 과수원에서 사과 · 체리 · 배 · 자두 · 무화과 등을 재배한 것은 틀림없다. 아나톨리아에서는 지금도 맛있는 과일이 풍부하게 생산되는데, 아마 히타이트 시대에도 마찬가지였을 것이다.

밀은 주로 빵으로 가공되었다. 히타이트의 문서 사료에는 원료 곡물, 가루 빻은 정도, 첨가물, 양념, 크기, 형태, 색깔에 따른 빵 종류가 146종이나 언급되어 있다. 노동자와 병사의 도시락으로 적합한 건조 빵 등 실용적인 빵이 있는가 하면 제례에 쓰일 동물 모양 빵 또는 신의 형상을 본뜬 빵 등 장식적인 빵도 있어서 히타이트인이 빵을 얼마나 좋아했는지 알 수 있다. 지금도 튀르키예의 빵 맛은 유명한데, 먼 조상의 빵에 대한 애정이 지금까지 이어진 모양이다.

곡물이나 콩은 수프나 죽의 건더기로도 활용된 듯한데, 유감스럽게도 요리책은 출토되지 않았다. 다만, 신도 인간과 같은 음식을 먹는다고 믿었던 만큼 제례에서 신에게 바친 식재 목록이 남아 있어서 히타이트 시대의 요리를 상상하여 재현하는 작업이 여러 차례 이루어졌다.

의례용 고급 음료 포도주와 서민 음료 맥주

히타이트의 식문화를 말할 때 술 이야기를 빼놓을 수 없다. 히타이트인이 즐긴 술로는 보리로 만든 맥주와 포도로 만든 포도주가 있다. 히타이트 제국 중흥의 영웅 수필룰리우마 1세의 외교 문서에도 '먹어라, 마셔라, 즐겨라'라는 말이 나온다. 이슬람권이지만 음주에는 비교적 관대한 아나톨리아의 나라, 튀르키예의 조상다운 말이다.*

특히 구약 성서 시대나 고대 그리스와 로마 시대 사람들은 아나톨리아를 포도의 원산지이자 포도주의 본고장으로 여겼다. 실제로 포도주를 처음 만든 흔적은 북쪽 지역인 코카서스 남부에서 발견되었다. 따라서 아나톨리아 사람들이 히타이트 이전 시대부터 포도주

* 1923년 튀르키예공화국이 출범할 당시 튀르키예 영토 내 보아즈쾨이에서 고대 히타이트 문명이 있었다는 사실이 널리 알려지면서 튀르키예와 독일 학자 간 연구가 매우 활발히 진행되었다. 특히, 아나톨리아의 앙카라를 수도로 삼은 튀르키예공화국이라는 신생국가 출범 시기에 갑작스럽게 세상에 알려진 히타이트의 인류 문화유산이 크게 주목받았다. 국부로 칭송된 무스타파 케말 아타튀르크는 히타이트의 유적 발굴 및 유물 보존, 박물관 건립, 역사학자와 고고학자들의 역사 연구 사업 등을 적극적으로 지원했다. 당시 역사학자들은 아나톨리아에서 탄생한 히타이트 문명이 고대 튀르크인들과 관련이 있는지도 연구했으나, 히타이트인들과 튀르크인들은 언어와 인종이 다른 것으로 판명되었다. 오늘날 튀르키예인들이 아나톨리아에서 탄생한 히타이트에 역사적 감성적 연대감을 가지고 있는 것은 사실이나, 히타이트인들이 튀르키예의 조상이라는 말은 엄밀히 따지면 맞지 않는다. −김수자

쿠샤클르 건물 C의 58호실. 맥주 양조장 출토 현장을 재현하여 촬영

를 마신 것은 확실하지만, 포도주가 문서 사료에 처음 등장한 것은 기원전 2000년 이후의 카룸 시대였다.

포도주를 뜻하는 히타이트어 '위야나Wiyana'는 영어인 '와인Wine', 독일어인 '바인Wein', 프랑스어인 '반Vin', 고대 그리스어인 '오이노스Οἶνος' 등과 어근이 같다. 히타이트 시대의 아나톨리아 남서부에는 위야나완다, 고대 그리스어로는 오이노안다, 즉 '포도주 마을'이라는 지명도 있었다.

히타이트어에는 빵과 마찬가지로 포도주에 관한 단어도 풍부하다. '적포도주', '좋은 포도주', '순수한 포도주', '벌꿀이 들어간 포도주', '달콤한 포도주', '새콤한 포도주' 등 포도주 종류뿐만 아니라

'왕가 어용御用 포도주 제조자', '포도주 책임자' 등 포도주에 관한 직책을 일컫는 단어도 많았다. 특히 '포도주 책임자'로 직역되는 '술 맡은 자'라는 이름의 직책은 왕의 측근 중의 측근으로, 왕의 친족에게만 허락되는 요직이었다. 궁정 의례에서 포도주가 얼마나 중요했는지 엿볼 수 있는 대목이다.

히타이트 법전에서 포도주의 가격을 '큰 항아리 2개(약 80~100ℓ)에 은 1세겔(12.5g)'로 정해놓았는데, 이것은 같은 양의 밀의 1.5배, 보리의 3배에 해당하는 가격이다. 또 포도주 농원 40분의 1ac(에이커, 약 100m², '에이커'는 히타이트어로 '이쿠')는 은 1세겔이었는데 이것 역시 일반 농원의 40배에 해당하는 가격이다. 따라서 포도밭을 망치는 행위는 중죄로 여겨졌다. 제사와 의례에도 쓰이는 것으로 보아 포도주는 대체로 고급 음료였던 듯하다.

한편, 맥주는 서민의 음료로, '미숙성 맥주'*, '꿀 들어간 맥주' 등의 종류가 있었다. 당시에는 맥주를 보존할 수 없었으므로 만들자마자 소비하거나 맥주 효모 빵을 들고 다니며 만들어 마셨던 듯하다. 아마 당시의 맥주는 침전물이 포함된 걸쭉한 액체였을 것이다. 히타이트 유적에서 끝에 필터가 달린 빨대 같은 도구가 발견되었는데, 침전물을 제거하고 맥주를 마시기 위한 도구였던 듯하다. 맥주

---

* Young Beer. 맥주 양조 과정에서 발효까지만 완료된 액체를 말한다. 여분의 성분이 들어 있어 음료로 적합하지 않다. 따라서 저온으로 천천히 숙성시켜야 하는데 이 숙성 공정을 '저장', 영어로는 '라거Lager'라고 한다.

는 서민 음료이긴 했지만 종교 의례에도 쓰였다. 포도주와 함께 신에게 공물로 바쳐지기도 했고 시신을 화장할 때 포도주와 함께 불을 끄는 용도로 쓰였다는 기록도 있다.

술은 또한 신의 노여움을 가라앉히는 음료로 여겨졌다. 히타이트 신화에 기후 신이 술로 이를루양카 용을 만취시켜 무찔렀다는 이야기가 있는데, 그리스 신화에도 비슷한 이야기가 있다.

히타이트 유적 중 맥주 양조의 확실한 고고학적 증거가 처음으로 발견된 곳은 쿠샤클르다. 당시 필자가 발굴단원으로 참여해 그곳의 현장 실측을 담당했는데, 신전 입구 옆의 방에서 다양한 형태의 토기 27점이 포개지듯 쌓인 상태로 출토되었던 것이 기억난다. 그 방의 항아리 하나에 탄화된 보리가 들어 있었다. 조사해보니 가열된 맥아로, 가공 중인 맥주 재료였다. 맥주 양조에서 보존에 이르기까지 필요한 모든 토기가 그 방에 보관되어 있었던 덕분에 히타이트인들이 맥주를 어떻게 제조했는지, 어떤 용기를 썼는지 알게 되었고 당시 도량형에 관한 정보도 얻을 수 있었다.

아직 연구되지 않은 '옷'과 '집'

이번 장에서 히타이트인의 의식주 전반에 관해 말하고 싶었지만, '식'에 지면을 다 쓰고 말았다. '의'와 '주'에 관해서는 연구가 그다지 진행되지 않은 상황이지만, 그래도 간단히 짚고 넘어가려 한다.

흙과 나무와 돌로 지은 전통 가옥. 최근에는 튀르키예에서도 이런 전통 가옥을 찾아보기 어렵다.

의식주 연구에서 가장 어려운 것이 '의'다. 옷은 땅에 묻히면 금세 부패하므로 잔존물을 찾기가 가장 어려운 고고학 자료이기 때문이다. 고대 이집트처럼 시신을 극도로 건조한 환경의 묘실에 조심스럽게 매장한다면 일부가 남을 수도 있지만, 히타이트에서는 아무것도 발견되지 않았다. 그래서 히타이트의 의류를 연구하려면 얼마 안 되는 도상 자료를 실마리로 삼는 수밖에 없다.

주로 신의 세계를 표현한 도상 자료를 보면 남성(왕이나 남신)은 허리에 아주 짧은 천을 두르거나 무릎까지 내려오는 판초* 형태의

* 천 한 장을 반으로 접은 후 가운데에 구멍을 뚫고 그 구멍으로 머리를 내어 입는 옷.

옷 또는 복사뼈까지 내려오는 치마 모양의 긴 옷을 걸쳤다. 여성(여신)은 두건 같은 천으로 머리를 덮고 주름이 들어간 치마 모양의 옷을 걸쳤다. 소재는 대개 아마 또는 모직물이었을 텐데, '아마 옷은 은 5세겔, 양모 옷은 은 20세겔'이라고 히타이트 법전에 기록된 것처럼 당시 의류는 매우 고가였다.

히타이트인의 외모나 머리 모양은 어땠을까? 카데시 전투를 그린 이집트 측 벽화에서는 히타이트인이 코가 크고 수염이 없고 장발이면서 앞머리를 정수리까지 민 '변발'로 묘사되어 있다. 또, 이집트의 텔엘야후디예에서 발견된 도자기 타일에도 똑같은 모습으로 그려져 있다. 아마 머리카락은 검은색이었을 테니 현재 튀르키예인이나 지중해 출신인 사람들과 외모가 크게 다르지 않았을 것이다.

'주'는 어떨까? 히타이트 유적은 신전이나 궁전 등 대형 건축물 위주로 발굴되었으므로 일반 주거 시설이 구체적으로 조사된 곳은 지금까지 보아즈쾨이와 쿠샤클르뿐이다. 보아즈쾨이의 발굴단장이자 건축가 출신인 페터 네브Peter Neve는 지금까지 발굴된 고대의 일반 주거와 현재 보아즈칼레 마을에 남아 있는 튀르키예 전통 주거를 비교하면서, 고대의 주거와 근현대 튀르키예의 전통 가옥의 공통 요소로 방 전체를 둘러싸듯 설치된 다용도 가구 소파를 꼽았다.

히타이트 건축의 특징은 제1장에서 말했듯이 석재, 목재, 일건 벽돌을 조합해 썼다는 것이다. 이것은 건조하면서 목재가 비교적 풍부하고 겨울에 눈이 많이 내리는 기후 풍토에 맞춰 발달한 특징으로, 여름에는 덥고 겨울에는 추운 아나톨리아에서 활용하기에 적합하다. 건축용 목재로는 주로 소나무와 참나무가 쓰였다.

제13장

히타이트가 재발견되기까지

역사 기록에서 사라진 히타이트

기원전 1200년경에 히타이트 제국은 멸망했고 그 문화를 이어받은 후기 히타이트(네오 히타이트) 제국도 기원전 8세기 말을 끝으로 역사의 저편으로 사라졌다. 루비어 상형문자를 사용하는 후기 히타이트 국가들의 전통도 기원전 8세기에 끊어졌다.

단, 국가로서 후기 히타이트의 흐름을 이어받은 한 나라가 아나톨리아 남부의 지중해 연안에 남아 있었는데, 아시리아 제국 사료에 '힐라쿠'라는 이름으로 언급되는 킬리키아 왕국이다. 일부 학자는 아시리아와 아케메네스조 페르시아 제국이 지배하는 아나톨리아에서 자치를 유지하며 존속한 이 나라를 후기 히타이트의 후예로 간주해야 한다고 말한다. 이 지역에서 기원전 1세기경까지 루비어가 쓰였다는 이야기도 있다. 그러나 킬리키아 왕조는 기원전 401년

히타이트 제국의 속국
미라 왕국의 카라벨 부조

에 페르시아 제국 대왕의 동생 키루스가 일으킨 반란에 휘말려 멸망하고 말았다.

아나톨리아 서쪽 끝의 할리카르나소스(현재의 보드룸) 출신이자 기원전 5세기 고대 그리스의 저술가인 헤로도토스는 오리엔트 제국의 지리를 담은 책과 페르시아 전쟁 역사를 기록한 《역사》의 저자로 잘 알려져 있다. 그러나 '역사의 아버지'로도 불리는 그의 저서 《역사》에는 히타이트(하티)가 전혀 등장하지 않는다.

튀르키예 서부 이즈미르시에서 동쪽으로 25km 떨어진 고갯길 옆의 암벽에 '카라벨 비문'이라는 마애 비문이 있다. 이것은 히타이트 제국의 속국이었던 미라 왕국의 왕 타르카스나와(예전에는 타르콘데모스로 읽혔음)가 기원전 13세기 중반에 새긴 비문으로, 활과 화살을 든 모습의 왕의 부조에 루비어 상형문자 비문이 첨부되어 있다(최근 도굴꾼의 다이너마이트에 일부가 파괴됨).

그러나 헤로도토스는《역사》(제2권)에서 이집트 왕 세소스트리스(세누스레트 3세)가 이 지역을 원정했을 때 이 비문을 새겼다고 말했다. 헤로도토스가 루비어 상형문자를 이집트의 상형문자 히에로글리프로 오인한 것이다. 세누스레트 3세는 타르카스나와보다 600년쯤 전에 살았던 파라오이고, 당연히 아나톨리아를 원정한 적도 없다. 결정적으로 '역사의 아버지' 헤로도토스는 히타이트에 관한 기록을 전혀 남기지 않았다.

시대가 흐른 뒤 오스만 제국 시대였던 17세기 중반, 튀르키예 박물학자 카티프 첼레비Kâtip Çelebi가 자신의 저서《지한뉘마Cihânnümâ》*에서 '아나톨리아 중부 이브리즈에 있는 마애 비문은 기원전 8세기 후반에 후기 히타이트 국가인 투와나의 왕 와르팔라와가 남긴 것'이라고 말했다. 그리고 지역에 구전되는 이야기를 참고하여 '이것은 이교도의 영웅 아브리누스의 모습이다'라고 덧붙였다. 이번에도 아쉽지만 아브리누스의 히타이트어 이름은 사라진 듯하다. 스웨덴 출신의 탐험가 예안 오테르Jean Otter도 1737년에 이곳을 방문했지만, 그 역시 비문을 히타이트와 결부하지 않았다.

---

* 영어판은《오스만 우주론: 지한뉘마의 번역An Ottoman Cosmography: Translation of Cihānnümā》, 일어판은《세계의 거울世界の鏡》

이브리즈에 있는 마애 비문

성서에 등장하는 '헷' 사람이 역사상 실존한 히타이트인일까?

그런 한편 세계적으로 유명한 고문서가 히타이트를 종종 언급한 것처럼 보이기도 한다. 구약 성서(히브리어 성서)에 '헷Heth, חת'이라는 민족 이름이 종종 등장하는 것이다. 고대 이집트에서 히타이트를 부를 때 썼던 이름인 헤테Hatti 혹은 케타Kheta와 매우 비슷한 이름이다. 16세기에 구약 성서가 영어로 번역될 때 '헷 사람'에 '히타이트'라는 단어가 할당된 이후, 같은 단어가 다른 나라에서도 그대로 쓰이게 되었다. 그런데 이 성서에 등장한 '헷 사람'에 대한 관심 덕분에 2000년 가까이 묻혀 있었던 히타이트 제국이 20세기에 재발견되었다.

〈창세기〉 10장에는 대홍수에서 살아남은 노아의 자손에게서 퍼져나간 세계 민족의 이름이 줄줄이 나오는데, 그중에 노아의 증손자이자 함의 손자이자 가나안의 아들인 '헷'이 있다. 그가 헷 사람의 선조다. 〈창세기〉 23장에도 헷 사람이 등장한다. 이스라엘 민족의 시조 아브라함이 우르에서 가나안(현재 이스라엘 및 팔레스타인)으로 이주할 때 죽은 아내 사라를 장사지내기 위해 헷 사람에게서 헤브론에 있는 묘지용 동굴을 샀다는 내용이다. 〈창세기〉 26장 이하에서는 아브라함의 손자 에서가 헷 여인을 아내로 맞아들인다. 신이 이집트에서 살다가 탈출한 이스라엘인들에게 헷 사람 등 선주민이

사는 가나안을 '약속의 땅'으로 준다고 약속했는데, 〈민수기〉 13장에 '헷 사람이 가나안의 산지에 산다'라고 구체적으로 기록되어 있기도 하다. 또 〈여호수아〉 1장에도 '황야에서 레바논 산을 넘어 저 큰 강 유프라테스까지, 헷 사람의 모든 땅을 포함하여 태양이 지는 바다까지 너희의 영토가 될 것이다'라며 헷의 영역을 시사하는 구절이 있다.

머잖아 이스라엘 사람들이 다윗의 치하에서 국가를 수립하는데, 다윗의 부하 중에도 헷 사람이 있었다. 특히 다윗이 헷 사람 우리야의 아내 밧세바를 탐내 우리야를 죽게 만들고 밧세바를 아내로 삼았다는 〈사무엘서〉의 일화가 유명하다. 그 결과 헷 여인 밧세바는 이스라엘의 다음 왕인 솔로몬을 낳았다.

또, 제6장에서 말했던 것처럼, 성서에 그렇게 쓰여 있지는 않지만 다윗과 외교를 맺었던 하마트 왕 '도이'가 기원전 1000년경에 있었던 후기 히타이트 국가 하마트(팔리스틴)의 왕 '타이타'일 가능성도 있다.

그리고 〈에스겔서〉에서는 이스라엘 사람들이 기원전 587년에 신바빌로니아 왕국에 나라를 빼앗기고 바빌론 포로가 되는 고난을 겪는데, 그때 신이 예전 이스라엘 왕국의 수도 예루살렘을 향해 '너희 출신은 가나안 땅이고 너희 아버지는 아모리인이며 너희 어머니는 헷 사람이다'라고 말하는 장면이 나온다. 신약 성서(그리스어 성서)의 〈마태복음〉에도 '예수는 솔로몬의 27대 자손'이라고 나와 있다.

성서에 등장하는 '헷 사람'이 과연 역사상 실존한 히타이트인일까? 고고학적으로 보면 히타이트 제국의 문화나 후기 히타이트의 문화가 현재의 이스라엘(팔레스타인)에 영향을 주었다고는 생각할 수 없다. 미국의 성서학자 조지 멘덴홀George Mendenhall이 기원전 1200년경 히타이트 제국이 멸망한 후에 히타이트 유민이 가나안으로 유입되었다는 주장을 펼쳤지만(동시에 철기가 확대되었다고 추측함), 근거가 될 만한 고고학 자료는 없었다.

이집트에서 출토된 아마르나 서간(기원전 14세기)에 당시 이집트의 속국이었던 예루살렘의 왕 아브디헤파의 이름이 등장하기는 한다. 이름에 후르리인의 여신 헤파트의 이름이 포함되어 있으므로 히타이트와 깊이 관련된 후르리인일 수는 있지만, 아무래도 히타이트와는 직접적 관련성이 없어 보인다. 또 성서에서 헷 사람으로 언급된 인물들(에브론, 아비멜렉, 우리야 등)도 있지만 이들의 이름이 히타이트어나 루비어가 아니라서 그것만으로 히타이트와의 관련성을 인정하기는 어렵다.

그런가 하면 구약 성서에 등장하는 고대 이스라엘 왕국, 그리고 그 후계 국가인 북이스라엘 왕국과 유다 왕국은 후기 히타이트 국가들(특히 하마트 왕국)과 가까운 관계여서 기원전 853년에 함께 아시리아에 대항하기도 했다.

아시리아인은 티글라트 필레세르 1세가 아시리아를 통치했던 기원전 11세기 이후에는 아나톨리아가 아닌 시리아 북부의 후기 히타이트 국가들을 '하티'로 불렀다. 따라서 다음과 같이 구약 성서에 언급된 '헷'은 당시 시리아 북부에 있었던 후기 히타이트 국가를 가리키는 것으로 추측된다.

> 주께서 전차 소리와 군마 소리와 대군 소리를 아람 진영에 울려퍼지게 했으므로 그들이 "보아라, 이스라엘 왕이 우리를 치려고 헷 사람의 왕들과 이집트의 왕들을 돈으로 사들였다"라고 말하며 석양에 일어서서 도망쳤습니다.
>
> -구약 성서 〈열왕기하〉 7장 6절

어쨌든 히타이트는 성서 안에서만 단편적으로 언급되는 상태로 오랜 세월을 보냈다.

쐐기문자 발굴에서부터 히타이트어 해독 성공까지

19세기 이후 서유럽 세력이 오스만 제국으로의 경제적 진출에 박차를 가하자 서유럽의 탐험가들이 아나톨리아의 오지를 찾아가기 시작했다.

먼저 제1차 이집트 · 튀르키예 전쟁 직후인 1834년, 프랑스 정부의 의뢰를 받은 건축가 샤를 텍시에Charles Texier가 중앙 아나톨리아의

알라자회위크의 스핑크스상

가난한 마을 보아즈쾨이에서 지표에 노출된 거대한 폐허를 발견했다. 그리고 그곳의 스케치와 평면도를 작성하여 이듬해에 보고서를 간행했다. 특히 그가 보아즈쾨이 근처 야즐르카야에서 발견한 마애비문은 이전에 전혀 알려지지 않은 미술 양식을 보여주어 사람들의 관심을 끌었다.

당시 사람들은 이 거대 유적을 앞서 언급한 헤로도토스의《역사》에 등장하는 도시, 즉 리디아의 마지막 왕 크로이소스에게 공격당한 프테리아의 폐허라고 생각했다. 나중에 로마 시대에 번영했던 타비움의 유적이라고 주장하는 사람도 나타났지만, 그 누구도 이곳을 히타이트와 관련짓지는 않았다.

프랑스와 경쟁하듯 오리엔트에 진출한 영국에서도 아나톨리아에 탐험가를 파견했다. 그중 하나인 윌리엄 해밀턴William Hamilton이 보아즈쾨이에서 북쪽으로 25km 떨어진 곳에서 지표에 노출된 거대한 스핑크스상을 발견했다. 이곳이 알라자회위크 유적이다. 해밀턴은 아나톨리아 남부의 에플라툰프나르에서도 돌을 쌓아 만든 유적을 발견했고, 그림을 포함한 보고서를 간행했다.

이 발견이 서유럽 학계의 관심을 끌어, 그 후로 독일과 프랑스의 연구자들이 이 유적들을 찾아오기 시작했다. 1861년에는 조르주 페로George Perrot가 이끄는 프랑스 탐험대가 이곳을 찾아와 야즐르카야의 상세한 도면을 작성하고 최초로 알라자회위크의 사진을 찍어 갔다. 야즐르카야 등의 유적이 앞서 소개한 카라벨의 마애 비문과 양식적으로 유사하다고 지적되기는 했지만, 모두 헤로도토스처럼 고대 이집트의 유적이라고만 여겼다. 적어도 '고대 그리스 · 로마 양식은 아니므로, 아직 알려지지 않은 고대 오리엔트의 문화가 남긴 유적'이라고 생각하는 정도였다.

그러나 텍시에와 해밀턴 이전에 일찌감치 현지인으로 변장하고 오스만 제국의 오지를 방문하는, 위험천만한 탐험을 감행한 사람이 있었다. 스위스 탐험가 요한 루트비히 부르크하르트Johann Ludwig Burckhardt다. 그는 이집트의 아부심벨 신전과 요르단의 페트라 유적 발견으로 유명해진 인물로, 1812년에 시리아 하마(고대의 하마트)의 상점가 벽에 사용된 돌에 기묘한 그림문자가 새겨진 것을 알아채고

부르크하르트가 발견한 하마 비문_이스탄불 고고학 박물관

영국의 학술지에 보고서를 제출했다. 알고 보니 그 문자는 후기 히타이트 국가 하마트의 왕이 남긴 루비어 상형문자 비문이었고, 부르크하르트는 히타이트 유적의 존재를 최초로 알린 서유럽인이 되었다. 이 비문은 60년 후에 아일랜드 출신 선교사 윌리엄 라이트William Wright를 통해 오스만 제국의 수도 이스탄불로 옮겨진 후 지금까지 고고학 박물관에 전시되어 있다.

1874년에는 유프라테스강 연안의 카르케미시에서도 하마의 비문과 비슷한 그림문자 비문이 발견되었고, 비슷한 문자(당시에는 '하마트 문자'로 불림)가 새겨진 도장 자국도 발견되었다. 그러자 앞서 소개한 라이트 선교사가 '이 문자는 성서에 등장하는 헷 사람(영어 성서에서는 히타이트인)이 남긴 것이 아닐까'라는 추측에 기반한 논문을 저술했고, 그로부터 2년 후에는 영국의 동양학자 아치볼드 H. 세이스Archibald Henry Sayce가 그 학설에 동의했다.

1884년에 W. 라이트가 《히타이트 제국The Empire of the Hittites》이라는 서적을 최초로 간행하자 기억에서 사라졌던 히타이트 제국에 관한 서적이 잇달아 간행되기 시작했다. 다만 당시 사람들은 히타이트를 시리아에 있었던 나라로 생각했고 그 수도를 카르케미시로 여겼다. 이집트 학자 오귀스트 마리에트Auguste Mariette처럼 고대 이집트를 일시적으로 지배한 힉소스와 히타이트를 결부시키는 학자들도 있었다.

한편, 아나톨리아를 조사했던 조르주 페로는 자신이 목격한 거대한 규모에 비추어 보아즈쾨이는 아직 알려지지 않은 고대 제국의 수도가 틀림없다고 주장하며 시리아에서 계속 발견되는 '하마트 문자'와 이 나라가 관련되어 있다는 견해를 개진했다. 이 무렵 뒤늦게 오스만 제국 발굴 지원을 시작한 독일도 아나톨리아 조사에 합류하여, 페르가몬* 유적 발견으로 유명해진 카를 후만Carl Humann을 1882년에 파견했다. 이에 후만 일행은 사카괴쥐 · 진지를리 · 보아즈쾨이에서 기록 조사를 진행했다. 그리고 1888년 이후에는 진지를리를 발굴했으며 출토품은 협정에 기초하여 베를린으로 보냈다.

1893년에는 프랑스의 에르네스트 샹트르Ernest Chantre가 알라자회위

---

* Pergamon. 현대명은 베르가마Bergama. 소아시아의 북서쪽 미시아Mysia에 있었던 고대 도시의 이름이다.

카를 후만이 진지를리에서 발견한 사자상_베를린 미술관

카를 후만이 보아즈쾨이에서 채취한, 야즐르카야 유적을 본떠 만든 사본_베를린 미술관

크 · 보아즈쾨이 · 퀼테페에서 발굴 작업을 진행했다. 이때 보아즈쾨이에서 미지의 언어로 쓰인 점토판 문서가 발견되었다. 이미 해독된 아카드어, 바빌로니아어와 같은 쐐기문자로 쓰여 있어서 읽을 수는 있었지만, 즉 음독은 가능했지만, 의미를 알 수 없는 해독 불가 문서였다. 히타이트어 쐐기문자가 최초로 세상에 나온 순간이었다.

이 쐐기문자처럼 알지 못하는 미지의 언어로 된 문서(※아르자와 왕국이 이집트 왕에게 보낸 히타이트어 점토판 문서, 제3장 참조)가 이집트의 아마르나에서 이미 발견되었다는 사실도 금세 알려졌다. 당시 이스탄불에 머물던 언어학자 장뱅상 셰일Jean-Vincent Scheil 신부는 이것이 '하마트 문자'와는 다른 문자인 히타이트어가 아닐까 하는 가설을 재빨리 발표했다.

아마르나 서간에 등장하는 아르자와국이 아나톨리아에 있었을지 모른다는 사실이 알려지자 보아즈쾨이에 대한 관심이 더 커졌다. 그래서 1905년에 독일의 오리엔트 학자 후고 빙클러Hugo Winckler는 튀르키예의 고고학자 오스만 함디Osman Hamdi, 테오도르 마크리디Theodor Makridi의 협력하에 보아즈쾨이를 처음 방문하여 '아르자와어'(※히타이트어) 점토판 문서를 채집하기 시작했다. 그리고 이듬해인 1906년에 보아즈쾨이 발굴 조사가 개시되었다. 마크리디는 현장 발굴을 지휘하고 빙클러는 현장에서 대량으로 출토되는 점토판을 해독하는 역할을 맡았다.

그 결과 찾아낸 것이 기원전 1259년에 히타이트와 이집트가 체결한 평화 조약 문서다. 이 문서는 당시 국제어인 아카드어 쐐기문자로 쓰여 있었는데 아카드어가 이미 해독되어 있었으므로 빙클러는 자신이 조사하는 유적이 아르자와의 수도가 아니라는 사실을 금세 알아차렸다. 그리고 자신이 있는 곳이 이집트의 카르나크 신전에 히에로글리프로 새겨진 평화 조약의 상대편, 즉 히타이트 제국의 수도라는 사실도 깨달았다. 히타이트 제국이 재발견되는 순간이었다.

그러나 아르자와어, 아니 히타이트어를 해독하는 일이 남아 있었다. 이와 관련하여 1902년에는 노르웨이의 언어학자 예르겐 시누트손Jørgen Alexander Knudtzon이 히타이트어가 인도유럽어족에 속한다는 가설을 발표했다가 나중에 스스로 철회했다. 그리고 제1차 세계대전 중인 1915년, 체코(당시 오스트리아 · 헝가리 군주국)의 언어학자 베드르지흐 흐로즈니Bedřich Hrozný*가 드디어 히타이트어 해독에 성공했다. 그때부터 보아즈쾨이에서 출토된 대량의 점토판 문서가 해석되기 시작했다.

이로써 히타이트학이 확립되었다. 기억에서 사라졌던 고대 제국의 역사가 무수한 히타이트 학자의 꾸준하고 집요한 해독 작업으로 빛을 보게 된 것이다. 이 책 전반에서 소개한 히타이트 제국의 역사

---

* 프리드리히 흐로즈니Friedrich Hrozny로도 알려져 있다. 빙클러 사망 후 제자리걸음만 하던 히타이트어 연구에 돌파구를 마련한 인물. 제1차 세계대전이 발발한 후 수많은 고대어 연구자와 함께 징집되었으나 그의 재능과 열정을 알아본 오스트리아 출신의 A. 카머그루버A. Kammergruber 중위 덕분에 이스탄불에 머무르며 연구를 계속하여 히타이트어를 해독할 수 있었다.

는 히타이트 학자들의 방대한 노력이 맺은 열매 중 극히 일부일 뿐이다. 이 책의 내용은 고고학 쪽에 치우쳐 있지만, 히타이트 역사 대부분이 쐐기문자 사료의 해독에 힘입어 복원된 것은 반론의 여지가 없는 사실이다.

아나톨리아 고고학 연구의 발전

한편, 아나톨리아의 고고학은 제1차 세계대전 이후 튀르키예 공화국이 성립한 후 더욱 발전했다. 서유럽적 국민 국가로서 근대화 정책을 지향한 튀르키예 공화국은 독일 등 유럽의 학자를 초빙하고 서유럽 국가에 수많은 유학생을 보내 자국 연구자를 육성하는 동시에 외국 발굴단을 적극적으로 받아들이며 고고학 조사를 추진했다.

제1차 세계대전으로 조사와 연구가 중단되었던 보아즈쾨이에서는 1932년에 독일 발굴단의 조사가 재개되었다. 단장은 그 전 해에 마르부르크 대학에서 박사 학위를 막 취득한 약관 24세의 쿠르트 비텔Kurt Bittel이었다. 그 후 제2차 세계대전으로 중단되기는 했지만, 보아즈쾨이에서는 처음부터 지금까지 독일 발굴단이 조사를 진행하고 있다. 그리고 비텔은 1977년까지 발굴단장으로 일하며 보아즈쾨이의 발굴 성과에 기반한 히타이트 고고학의 기초를 구축했다. 그의 저서인 《하투샤, 히타이트인의 수도, 고대 오리엔트 대국의 역사와 문화Hattuscha. Hauptstadt der Hethiter. Geschichte und Kultur einer altorientalischen

Großmacht》*는 지금도 히타이트 고고학의 기초 서적으로 꼽힌다. 비텔의 뒤를 이어 P. 네베, J. 제어, A. 샤흐너가 보아즈쾨이의 발굴단장을 맡았다.

알라자회위크에서는 튀르키예 고고학자가 독립적으로 발굴을 진행하여 많은 성과를 거두었다. 1930년대에 튀르키예 공화국 초대 대통령 케말 아타튀르크Kemal Atatürk의 주선으로 당시 최신이었던 미국 발굴단의 기법을 배우기도 했다. 알라자회위크의 '왕묘'에서 발견된 전기 청동기 시대(기원전 3000년대 후반)의 청동제 조형물은 아나톨리아주의Anatolianism를 내건 새로운 국가 튀르키예 공화국의 상징으로 다양하게 활용되고 있다.

1947년에 발굴을 개시한 튀르키예 남부의 카라테페에서는 후기 히타이트 시대의 루비어 상형문자와 페니키아어 알파벳으로 쓰인 비문이 출토되었는데, 그 덕분에 이전에 해독하지 못했던 루비어 상형문자가 해독되었다. 이 유적의 이름은 히타이트 제국 재발견의 역사를 담은 독일 작가 C. W. 체람Ceram**의 저서 《좁은 계곡 검은 언덕***– 히타이트 제국의 비밀Enge Schlucht und schwarzer Berg-Entdeckung des Hethiter-Reiches》의 제목에도 응용되었다.

1996년부터는 일본 발굴단이 튀르키예 중부의 카만칼레회위크

* 일본판은 《히타이트 왕국의 발견ヒッタイト王国の発見》.

** 독일인 작가 쿠르트 빌헬름 마레크Kurt Wilhelm Marek의 필명.

*** 카라테페Karatepe는 튀르키예어로 '검은 언덕'이라는 뜻.

독일의 보아즈쾨이 발굴단이 찾아낸 스핑크스상. 복원을 위해 독일에 보낸 이후 베를린 미술관에 계속 전시되어 있었으나 2011년에 튀르키예로 반환되었다.

를 발굴하기 시작했다. 이 조사는 하나의 유구(회위크)*를 지표에서부터 조심스럽게 파 내려가며 문화사를 연대순으로 편찬하는 방식으로 지금까지 계속되고 있으며, 속도가 빠르지는 않지만, 다른 발굴단이 실현하지 못한 규모와 정확도를 보여주고 있다. 필자도 이 유적 조사에 참여한 것을 계기로 히타이트와 아나톨리아 고고학을 연구하기 시작했다.

1990년대 이후 히타이트 고고학 연구가 보아즈쾨이 외의 지역으

* 遺丘. 특히 중동에서 고대 정착지의 축적된 유적으로 형성된 인공적인 고분.

로 확대되었는데, 특히 이 책에서 여러 번 소개한 쿠샤클르에서 새로운 발견이 잇따른 덕분에 히타이트의 실상에 크게 다가설 수 있었다. 2002년 독일에서는 대규모 '히타이트전'도 개최되었다. 그 무렵 독일 유학 중에 있던 필자는 쿠샤클르의 조사에 참여했는데, 지금 당시를 회고해보니 히타이트 고고학의 최전선에서 생생한 현장을 볼 수 있는 영광을 누렸음을 새삼 깨닫게 된다.

향후 히타이트나 아나톨리아 고고학을 공부하려는 사람들에게 당부할 것이 있다. 무조건, 아니 가급적 튀르키예어를 배워야 한다는 것이다(이렇게 말하는 필자의 실력도 어중간하지만). 요즘 들어 튀르키예 정부는 이전에 외국 발굴단에 허가했던 발굴권을 자국의 고고학자에게 돌리려 하고 있다. 물론 튀르키예 공화국의 영토이니 당연한 조치다. 몇 년 전부터는 각 발굴단원의 절반 이상이 튀르키예인이어야 한다는 규칙도 정해놓았다. 그러므로 앞으로 발굴단원들과 소통하며 히타이트학이나 아나톨리아 고고학의 최신 정보를 얻으려면 튀르키예어를 꼭 알아야 한다.

또 하나 덧붙이자면 영어는 물론이고 독일어도 배워두면 많은 도움이 될 것이다. 그래야 선행된 연구 성과를 이해할 수 있다. 히타이트의 수도 보아즈쾨이의 발굴 보고서가 지금도 독일어로 간행되고 있기 때문이다. 최근에는 논문을 영어로 발표하는 것이 당연해졌지만 독일인과 프랑스인은 여전히 세계적인 학술 언어로서의 자국 언어에 긍지를 가지고 있다. 그래서 주요 유적 조사에 관한 예전

보고서는 독일어나 프랑스어로 쓰인 것이 많다.

그리고 무엇보다 히타이트와 아나톨리아에 대한 학구적 호기심이 있어야 한다. 다만 '이것이 아니면 안 된다'라는 태도 역시 좌절과 한계를 느꼈을 때 큰 벽이 될 수 있다. 모든 일이 그렇지만, 특히 고고학 연구는 혼자 할 수 없다. 그것은 다양한 사람들과의 만남을 통해 목표한 곳으로 물 흐르듯 나아가는 일이다. 필자도 그 흐름을 따르다 보니 여기까지 왔다. 수많은 사람과의 만남, 그들의 길잡이가 없었다면 이 책도 결코 집필할 수 없었을 것이다.

이 책에 등장하는 히타이트 왕과 업적

* 아래의 내용은 독자의 이해를 돕기 위해 책의 내용을 바탕으로 정리한 것입니다.
* 왕 이름의 위첨자 숫자는 본문 '히타이트 왕의 계보'와 동일한 왕의 순서입니다.

하티(선주민 시대) 시대

피타나 쿠사라의 왕. 카네시의 와르샤마 왕을 쓰러뜨리고 카네시를 정복함

아니타 하티왕 피유스티를 격파하고 하투사를 정복함. 중앙 아나톨리아 전역(후에 히타이트 제국의 핵심이 될 지역)을 거의 통일함. '대왕'이라는 호칭을 얻음

즈즈 아니타의 뒤를 이은 카네시의 대왕

히슈미샤루마 (푸루갈마) 라바르나 1세의 장인

고왕국 시대

라바르나[1] 히타이트 왕국의 초대 왕. 영역을 바다로 넓힘

하투실리 1세[2] 히타이트 왕국의 실질적인 초대 왕으로 라바르나와의 관계는 미상. 하투샤로 천도. 중앙 아나톨리아를 통일. 고대 오리엔트의 교역 요충지였던 남방 도시 시리아까지 진출. 유프라테스강을 건너 시리아의 도시국가를 차례로 복속시킴

무르실리 1세[3] 하투실리 1세의 손자. 하투실리 1세의 시리아 원정 사업을 이어받아 알레포 정복에 성공. 바빌론까지 원정하여 함무라비 왕조를 멸망시킴

한틸리 1세[4] 무르실리 1세의 매제. 처남인 무르실리 1세를 살해하고 왕위에 오름

지단타 1세[5] 한틸리 1세의 사위. 장인인 한틸리 1세와 처남들을 살해하고 왕위에 오름

암무나[6] 지단타 1세의 아들. 친아버지인 지단타 1세를 살해하고 왕위에 오름

후지야 1세[7] 암무나의 인척으로 암무나의 사후에 암무나의 아들들을 몰살하고 왕위에 오름

텔레피누[8] 암무나의 살아남은 아들. 쿠데타를 일으켜 후지야 1세를 퇴위시키고 왕위에 오름. 왕위 계승의 원칙을 정한 '텔레피누 칙령'을 선포. 관료 기구 및 형법을 정비하고 쐐기문자 표기를 도입함. 키주와트나와의 조약을 통해 시리아 진출의 발판을 마련하고 히타이트의 국위 회복에 노력

중왕국 시대

타후루와일리[9] 암무나의 사후에 후지야 1세를 도와 텔레피누의 형제를 살해하고 후지야 1세를 왕위에 올린 인물. 텔레피누 즉위 후에는 평민으로 강등되었을 것으로 추측됨. 텔레피누 사후에 텔레피누의 아들들을 암살하고 왕위를 찬탈했을 것으로 추측됨

알루왐나[10] 텔레피누의 사위. 텔레피누의 아들들이 암살당한 후 정통 후계자였던 인물. 타후루와일리의 왕위 찬탈로 그의 통치 기간에 망명해 있었을 가능성이 큼. 타후루와일리 후에 왕위에 오름

한틸리 2세[11] 알루왐나의 아들. 아버지 알루왐나를 이어 왕위에 오름. 부자간 승계가 정상적으로 이루어진 최초의 사례. 카스카족 등의 침략을 겪음

지단타 2세[12] 한틸리 2세의 아들. 한틸리 2세를 이어서 왕위에 오름. 키주와트나의 국왕 필리야와 조약을 맺음

후지야 2세[13] 지단타 2세를 이어 왕위에 오름

무와탈리 1세[14] 후지야 2세 때의 고관으로 후지야 2세를 살해하고 왕위 찬탈. 후에 왕비와 함께 살해당함

투드할리야 1세[15] 후지야 2세의 아들로 추측되며 무와탈리 1세가 살해된 후 왕위에 오름. 히타이트 제국 중흥의 아버지. 서방 원정 및 아수와 토벌, 에게해까지 세력 확장, 미탄니의 속국인 이슈와 점령, 키주와트나국 보호국 지정 등 적극적인 정복 활동

아르누완다 1세[16] 투드할리야 1세의 사위로서 투드할리야 1세를 이어 왕위에 오름. 북방의 카스카족과 남방의 이슈와국의 침공을 받음. 루비인의 문화 유입

투드할리야 2세[17] 아르누완다 1세의 아들. 아버지를 이어 왕위에 오름. 북방의 카

스카족과 서방의 아르자와국의 침공을 받음

투드할리야 3세[18] 투드할리야 2세의 아들. 아버지를 이어 왕위에 오름

신왕국 시대

수필룰리우마 1세[19] 투드할리야 2세의 아들이자 투드할리야 3세의 형제. 투드할리야 3세를 살해하고 왕위에 오름. 북방의 카스카 9개 부족 정복. 시리아의 카르케미시 정복 등 아나톨리아의 패권을 되찾음

아르누완다 2세[20] 수필룰리우마 1세의 아들. 수필룰리우마 1세를 이어 왕위에 오름. 왕자 시절 수필룰리우마 1세를 도와 시리아 원정에 참전하여 승리를 거둠. 이때 끌고온 이집트 포로들이 퍼뜨린 전염병으로 병사

무르실리 2세[21] 수필룰리우마 1세의 아들이자 아르누완다 2세의 동생. 아르누완다 2세 사후에 왕위에 오름. 북방의 카스카족을 토벌하고 서방의 아르지와국을 정복. 시리아에서 세력을 키우던 아시리아에 대항

무와탈리 2세[22] 무르실리 2세의 아들. 아버지 무르실리 2세 사후에 왕위에 오름. 카스카족 및 이집트에 맞서 항쟁. 수도를 하투샤에서 타르훈타사로 옮김

무르실리 3세[23] 무와탈리 2세의 아들. 아버지 사후 왕위에 오름. 아버지 무와탈리 2세의 생전에 나라를 공동 통치함. 수도를 타르훈타사에서 하투샤로 다시 천도. 숙부에게 왕위를 빼앗기고 망명함

하투실리 3세[24] 무와탈리 2세의 동생이자 무르실리 3세의 숙부. 조카를 쫓아내고 왕위에 오름. 카스카족에게 빼앗겼던 네리크를 탈환하고 재건함. 시리아를 두고 대립했던 이집트의 람세스 2세와 '세계 최초의 평화조약' 체결 및 정략 결혼. 아시리아 왕과 편지를 주고받음. 히타이트에 기근과 식량 부족이 발생하여 이집트와 시리아의 속국에 도움을 요청함

투드할리야 4세[25] 하투실리 3세의 아들. 아버지를 이어 왕위에 오름. 일시적으로 부왕과 함께 나라를 공동 통치. 히타이트 제국 각지에 비문과 신전, 거상, 댐, 저수지과 시설을 남겨 '건설왕'으로 불림. 외교적으로는 아시리아에 밀리고 서방 속국들의 불온한 정세가 나타나는

	등 히타이트의 위세가 꺾임
쿠룬티야[26]	무르실리 3세의 동생. 하투실리 3세에 의해 히타이트의 부왕국인 타르훈타사의 왕으로 임명됨. 투드할리야 4세와 '청동판 문서'로 불리는 조약(상호 화친과 히타이트-타르훈타사의 국경 확정 등을 약속) 체결. 타르훈타사에서는 대왕 쿠룬티야로 불렸고, 일시적으로는 본국에서도 대왕으로 불렸을 것으로 추측
아르누완다 3세[27]	투드할리야 4세의 아들.
수필룰리우마 2세[28]	투드할리야 4세의 아들이자 아르누완다 3세의 동생. 아르누완다 3세를 이어 왕위에 오름. 기록으로 남아 있는 히타이트의 마지막 왕. 루카 등 아나톨리아 남부의 나라들을 토벌. 타르훈타사를 정복하고 도시를 재건. 카르케미시 부왕국과 동격의 조약 체결하는 등 점차 제국의 면모를 상실함. 제국 말기의 가뭄과 기근, 속국의 독립, 내전 등으로 히타이트 제국이 멸망했을 것으로 추측

찾아보기

ㄱ

ㄴ

ㄷ

ㄹ

ㅁ

ㅂ

ㅇ

ㅈ

ㅊ

ㅋ

ㅌ

ㅍ

ㅎ

기타

참고문헌

마에다 도루 · 야마다 시게오 · 야마다 마사미치 · 우노키 모토히로 · 가와사키 야스시 · 오노 사토시, 《역사학의 현재 : 고대 오리엔트》, 야마카와출판사, 2000(前田徹 · 山田重郎 · 山田雅道 · 鵜木元尋 · 川崎康司 · 小野哲, 《歴史学の現在 : 古代オリエント》, 山川出版社, 2000年).

빌리 진 콜린스, 야마모토 하지메 옮김, 《히타이트의 역사와 문화》, 아다 터가코헨 일본어판 감수, 리톤, 2021(ビリー·ジーン·コリンズ著, アダ·タガー·コヘン日本語版監修, 山本 孟訳, 《ヒッタイトの歴史と文化》, リトン, 2021年).

에릭 H. 클라인, 야스하라 가즈미 옮김, 《B.C. 1177 : 고대 글로벌 문명의 붕괴》, 쓰쿠마쇼보, 2018(エリック·H·クライン著, 安原和見訳, 《B.C.1177 : 古代グローバル文明の崩壊》, 筑摩書房, 2018年).

오무라 사치히로, 《아나톨리아 발굴기》, NHK북스, 2004(大村幸弘, 《アナトリア発掘記》, NHKブックス, 2004年).

오무라 사치히로, 《아나톨리아의 바람 : 고고학과 국제 공헌》, 리톤, 2018(大村幸弘, 《アナトリアの風 : 考古学と国際貢献》, リトン, 2018年).

오무라 사치히로, 《철을 만들어 낸 제국》, NHK북스, 1981(大村幸弘, 《鉄を生みだした帝国》, NHKブックス, 1981年).

오시로 데루마사 · 요시다 가즈히코, 《인도유럽어족 아나톨리아어파 개설》, 다이가쿠쇼린, 1990(大城光正 · 吉田和彦, 《印欧アナトリア諸語概説》, 大学書林, 1990年).

쿠르트 비텔, 오무라 사치히로 · 요시다 다이스케 옮김, 《히타이트 왕국의 발견》, 야마모토쇼텐, 1991(クルート·ビッテル著, 大村幸弘 · 吉田大輔 訳, 《ヒッタイト王国の発見》, 山本書店, 1991年).

Trevor Bryce (1998),The Kingdom of the Hittites. Oxford University Press.

Horst Klengel, Volkert Haas, Fiorella Imparati, and Theo van den Hout (1999), Geschichte des Hethitischen Reiches. Brill.

Trevor Bryce (2002), Life and Society in the Hittite World. Oxford University Press.

Kunst und Ausstellungshalle der Bundesrepublik Deutschland (2002), Die Hethiter und ihr Reich. Das Volk der 1000 Götter. Bonn/ Stuttgart. Theiss.

Jörg Klinger (2007), Die Hethiter: Geschichte - Gesellschaft – Kultur. C.H.Beck.

Antonio Sagona and Paul Zimansky (2009), Ancient Turkey. Routledge.

Hermann Genz and Dirk Paul Mielke (eds.)(2011), Insights into Hittite History and Archaeology. Peeters.

Gregory McMahon and Sharon R. Steadman (eds.) (2011), The Oxford Handbook of Ancient Anatolia: (10,000-323 BCE). Oxford University Press.

Andreas Schchner (2011), Hattuscha:Auf der Suche nach dem sagenhaften Großreich der Hethiter. C.H.Beck.

Trevor Bryce (2012), The World of Neo-Hittite Kingdoms: A Political and Military History. Oxford University Press.

Andreas Müller-Karpe (2017), Sarissa:Die Wiederentdeckung einer hethitischen Königsstadt. Philipp von Zabern.

Stefano de Martino (ed.)(2022), Handbook Hittite Empire: Power Structures. De Gruyter.

히타이트 제국의 역사

1판 1쇄 인쇄 | 2024년 10월 31일
1판 1쇄 발행 | 2024년 11월 8일

지은이 | 쓰모토 히데토시
옮긴이 | 노경아
한국어판 감수자 | 이희철

발행인 | 김기중
펴낸곳 | 도서출판 더숲
주소 | 서울시 마포구 동교로 43-1 (04018)
전화 | 02-3141-8301
팩스 | 02-3141-8303
이메일 | info@theforestbook.co.kr
페이스북 | @forestbookwithu
인스타그램 | @theforest_book
출판신고 | 2009년 3월 30일 제2009-000062호

ISBN | 979-11-94273-05-9 (03910)